아메리칸 드림

국립중앙도서관 출판예정도서목록(CIP)

아메리칸 드림 = American dream : 전영순 산문집 / 지은이:
전영순. -- 대전 : 지혜, 2014
  p. ;   cm. -- (지혜사랑 산문집 ; 004)

산문집은 충청북도문화예술진흥기금 일부를 지원받아 발간됨
ISBN 979-11-5728-018-6 03810 : ₩10000

산문집[散文集]
한국 현대 수필[韓國現代隨筆]

814.7-KDC5
895.745-DDC21   CIP2014036623

지혜사랑 산문집 004

아메리칸 드림

전영순

지혜

책머리에

"- 되기"의 주체인 "나"는 타의에 의해서든 자의에 의해서든 외적으로 규정된 모습이지 진정한 자아의 실체인 나는 아니다. 그럼에도 불구하고 나는 나이다. 그런 의미에서 창작물이란 작가의 내면의 세계를 드러내는 진정한 자아의 결정체다.

어줍잖은 글을 밖으로 내보이려니 슬쩍 눈치가 보이긴 하지만 무의미가 될 존재에게 의미를 불어넣어 본다. 이러한 행위가 내 문학세계의 공시적인 한 공간일 게다. 카뮈가 장그르니에의 여행을 상상의 세계, 눈에 보이지 않는 세계 속으로의 여행으로 봤다면, 내 수십 년간의 외국 생활을 누가 어떤 여행이라고 말해 줄까?

『아메리카 드림』은 내 인생의 삼분의 일이란 시간을 일본과 캐나다, 미국에서 보내며 경험한 일들을 중년이 되어 돌아보며 쓴 글이다. 머릿속에는 다정한 이웃 나라 친구들과의 아기자기한 생활사가 많이 저장되어 있다. 아직도 채 기록하지 못한 이야기는 앞으로 쓰는 글 속에 간간히 묻어 나오리라 생각한다. 이 책에 실린 글들은 《충청타임즈》와 《충청매일》에 게재됐던 글을 다시 정리한 것이다.

글을 쓰며 나를 들여다보니 책 속에서 힘들어 하는 젊은 날의 내가 있다. 그 힘듦이 독자들에게 전달되지 않는다면 내 문학적 역량이 부족해서일 것이다. 긍정적인 마인드를 지닌 성격 탓에 고통도 지혜롭게 풀어나가야 할 의무라 생각하며 살다 보니 엄살스러운 표현이 내게는 다소 거리가 있는 듯하다.

요즘 흔한 표현으로 "나라의 남자"라 칭하는 충성스러운 남편을 따라 나선 외국 생활은 약간의 낭만과 그 반대급부로 수없는 외로움 속으로 나를 몰고 갔다. 동트면 나갔다 달이 한참 기울어야 돌아오는 사람을 차마 미워할 수 없었던 한 여자의 울음이 이 책에 담겨 있다. 그러나 그 울음이 이제 시간 속으로 달무리처럼 퍼져서 새벽을 맞이하려 한다.

문학적 가공을 통해 이야기를 재밌게 만드는 것이 독자들의 관심을 끄는 데는 좋을지 모르겠지만, 가급적 사실을 바탕으로 겪은 일들을 솔직하게 드러내고자 했다. 그래서 문학적인 울림이 큰 글이 되지는 못하고 말았다. 하지만 가족이 함께 외국 생활을 계획하고 있는 사람들이나 기러기 가족, 유학생, 비즈니스로 외국 생활을 할 주부라면 읽어 도움이 되리라 확신한다.

하늘은 맑고 바람이 찬 12월, 앙상한 나뭇가지에 매달려 있는 몇 개의 잎들이 고마운 님(미국에 서범석 박사, 짐 홀렌드 교수, 랠리 한인들, 캐나다에 실비아와 팜, 일본에 이노우에 상, 사도하라 교류원, 도키다 회장 등)의 안부인양 손을 흔든다.

2014년
전영순

차례

책머리에 ———————————————— 4

1부

푸른달 랠리는 ——————————————— 11
방학은 쉼표 ———————————————— 13
아이들은 뛰어놀고 싶어한다 1 ———————— 17
아이들은 뛰어놀고 싶어한다 2 ———————— 21
인연 ———————————————————— 25
캔디 안 주면 장난 칠거예요 Trick-or-treat ——— 29

2부

기러기 가족 ———————————————— 35
누가 내 꼬리 34964512를 좀 떼어주실래요 —— 41
문화의 나라에서 크리스마스를 ———————— 45
감사의 계절 ———————————————— 49
경종 ———————————————————— 53
살기 좋은 나라가 행복한 나라는 아니다 ——— 59

3부

Soup Kitchen를 다녀오며	65
홀대받는 순수과학 짚고 넘어가자	69
당신도 남들처럼 즐겨라 1	73
당신도 남들처럼 즐겨라 2	75
미국의 교통경찰 1	79
미국의 교통경찰 2	83

4부

I talk, 나는 말하고 싶다	89
RTP B&B 모임을 다녀오며	93
미국의 선거바람은	95
서울서 찾던 김 서방, 미국서 만나다	99
아메리칸 드림	101
인디언의 메아리	105
핼러윈 데이	109

5부

가을 편지 ——————————— 115
交 感 ——————————————— 119
내 친구 요시코 ——————————— 123
사이를 관통하는 길목에서 ——————— 127
욘사마의 힘 ————————————— 131
할머니의 고쟁이 ——————————— 135

6부

못 믿겠다 꾀꼬리 ——————————— 141
무심코 던지는 말 속에 ———————— 145
십자가와 솟대 ———————————— 149
이방인을 응대하는 미국인들의 매너 ——— 153
최고의 날을 위하여 —————————— 157

• 일러두기
    한 연이 첫 번째 행에서 시작될 때는 > 로 표시합니다.

1부

푸른달 랠리는

푸른달 랠리는 인동초 향으로 가득하다.

2월 중순, 이곳에 첫발을 디딜 때 이미 벚꽃이 우리를 환하게 맞이했다. 미국에서 가장 살기 좋은 도시로 꼽힌 이곳에 와 생활한 지가 벌써 3개월이 됐다.

지금쯤 한국에는 넝쿨 장미가 한창이겠다. 주로 울타리에서 요염한 빛을 던지고 있는 한국의 넝쿨 장미에 반해 이곳 랠리의 5월은 인동초가 지천이다. 양지바른 곳의 나뭇가지나 늪, 길가에는 인동초 줄기가 자유분방하게 뻗어 향기를 피워 올리고 있다. 넝쿨 장미가 요염한 자태로 길가는 행인의 눈길을 사로잡는 꽃이라면, 인동초는 꽃향으로 행인의 코를 자극하는 꽃이다.

인동초 향은 시골 출신인 나에게 아득한 추억의 향이다. 엄마를 따라 들길을 나서면 논·밭가의 찔레나무나 물푸레나무 위에 많이도 얹혀 있었다. 그러나 랠리는 집만 벗어나면 어디나 인동초 향이 그득하다. 아니 집안에 있어도 그 향이 스미는 것 같다.

노스캐롤라이나주가 미국에서 가장 살기 좋은 곳으로 몇 년째 뽑힌 곳인 만큼 나무와 숲이 많다. 어디 가나 키 큰 나무들이 만들어 준 초록 터널을 걷고 있노라면 하늘이 초록색이구나 하고 착각할 정도다. 나무가 뿜어내는 피톤치드와 인동초꽃 향이 어우러져 자연의 향을 만끽할 수 있다. 내가 이곳의 삶이 행복하다고 생각하는 것과 같이 다른 한국인들도 나와 생각이 같은가 보다. 그래서인지 이곳에 한국인들이 많이 살고 있다.

미국에서도 손꼽히는 대학 —Duke University, University of North Carolina, NC State University—이 트라이앵글을 이루고 있고 Research Park란 과학연구단지가 있어 연구원이나 유학생들이 많이 와 있다. 매년 언론인, 교수, 의사, 공무원, 정치인들도 연수를 많이 다녀가는 곳으로 유명하다. 이런 이유로 다른 지역에 비해 이곳에 사는 사람들은 고학력자들이 많다고 한다. 우리 집 주위에는 인도인들이 많이 살고 있다. 그들 또한, 반 이상이 박사학위 소유자들이니 잘못 건드렸다가는 큰코다치니 조심하란다.

이곳 한국 가정은 대개 자영업, 공무원, 회사원, 언론인, 정치인, 기러기 가족 등으로 이뤄져 있다. 자영업으로는 청소원, 세탁소, 음식점 등을 운영하는 사람이 많고 공무원으로는 교수, 연구원 등이 많다. 다민족이 모여 사는 랠리에서 한국인들은 타민족과 지내면서 운명적인 한 국가에 대한 의식이 아니라 지구·우주공동체란 의식을 실감하면서 국제화의 물살을 타고 있다.

넝쿨 장미는 주로 담장이나 공원을 벗어나지 못하고 붉게 피어 있고 인동초는 금은화金銀花라고도 불리듯 나무 위나 산야山野, 늪 어디에서나 자유분방하게 뻗어나 향기를 피우고 있는 5월이다.

방학은 쉼표

요즘 아이들은 방학이 되어도 놀 시간이 별로 없다. 학교에서 수업을 받지 않을 뿐이지 바쁘기는 마찬가지다. 지나친 학원교육이 몇 년 전보다는 다소 수그러진 느낌이지만 그래도 아이들은 더 놀고 싶어 한다. 미국에 오면 학교수업 외에는 공부에서 해방될 줄 알았는데 여기도 한국 아이들은 매양 한 가지다. 물론 부모나 아이에 따라 다소 차이는 있다.

미국의 학교수업은 학교나 지역에 따라 Year round와 traditional로 이뤄지고 있다. 학교의 휴교 없이 많은 학생을 받기 위해서 학교를 연중으로 이용하는 것이 Year round이다. Traditional은 한국 시스템과 같다. Year round란 단어가 일반인들에게는 좀 생소할 것이다. 쉽게 말하면 한 학년에 4개의 track이 있는데, 3개의 track이 수업하고 돌아가면서 1개의 track이 쉬는 제도이다. track이란 한국의 반班으로 생각하면 된다. 정해진 반에 따라 9주 수업하고 3주 쉰다. 형제가 같은 학교에 다닐지라도 track이 다르면 방학도 다르다.

미국은 초등학교Elementary School과정이 1~5학년, 중학교Middle School 6~8학년, 고등학교High School 9~12학년, 대학교, 대학원으로 이루어져 있다. 고등학교까지 우리나라와 다른 점은 9월에 입학하는 것과 초등학교 과정이 5년, 중학교 과정이 3년, 고등학교 과정이 4년이다.

우리가 고등학교 2학년이라고 말하는 것을 미국에서는 그냥 11학년이라고 말한다. 학년의 구분은 지역과 학군별로 자율적으로 운영되지만, 학년 중심의 교과 과정을 통합 운영함으로써 학군 및 학교 간의 이동이 보장되는 것이 미국 교육 시스템의 장점이다. 이 때문에 진학 또는 전학의 혼란이 거의 없다고 한다.

Year round의 단점은 방학이 되어도 가족이 장시간 여행을 할 수 없다는 것이다. 우리 같은 경우 고등생인 아이는 traditional 학교에 다니고, 초등생인 아이는 Year round 학교에 다닌다. 앞에서 말한 것과 같이 Year round는 9주 수업하고 3주 쉬기 때문에 초등생인 아들이 track 4여서 빡빡하게 계획을 짜 바로 출발하더라도 가족 여행은 2주밖에 할 수 없다. 이런 점을 고려해서 미국에서 아이 학교를 정할 때는 신중을 기해야 한다. 방학 때 한국에 한 번 다녀갈 계획이 있다면 비행기값을 생각해서라도 말이다. 이곳에서는 겨울방학이 짧아서 긴 여행은 대부분 여름에 한다.

그러나 한국 부모를 둔 아이들은 미국에 와서도 예외다.

요즘은 미국에서도 한국인이 경영하는 사설학원과 과외가 우후죽순 늘어나고 있다. 수학은 물론 한국어까지 수업이 진행되고 있다. 극성맞은 부모들은 미국에서도 난리다. 학교수업기간에도 방과 후 YMCA에서 운영하는 프로그램과 피아노, 영어, 수학 등 아이를 실어 나르느라 정신이 없다. 심지어 방학을 이용해 한국에서도 그룹을 지어 아이를 데리고 이곳 프로그램에 참여하는 부모들도 있다. 이들은 한 달은 프로그램에 참여하고 한 달은 여행을 한다. 하여간 한국 어머니들의 교육열은 미국 내에서도 소문이 자자하다.

아이들은 뛰어놀고 싶어한다 1

인천공항을 출발해 하네다, 시카고 공항을 거쳐 랠리Raleigh 공항에 도착하니 밤 9시 40분이었다. 무려 22시간을 공항과 하늘에서 보낸 셈이다. 5인 가족이라 경비를 아끼자는 차원에서 가장 저렴한 티켓을 이용했다.

많은 사람들이 오가는 하늘 길, 제각각의 사연들을 풀어놓으면 밤하늘별만큼 깜박일 것이다. 우리 가족 또한 사연이 있어 이곳에 왔다. 큰 딸은 올해 대학교 4학년, 둘째는 고등학교 2학년, 막둥이가 초등학교 5학년이다. 이곳에 오게 된 이유는 바로 고등학생인 둘째 때문이다.

고1학년 1학기까지는 학교생활을 그런대로 적응을 한다싶더니 2학기부터는 부모를 무척 힘들게 했다. 학교에서는 학원 간다고 야간자습을 빼놓고는 학원은 가뭄에 콩나듯 다니더니 결국 방안에서 컴퓨터와 음악을 들으며 잠만 잤다. 아무리 뭐라고 해도 마이동풍이었다. 심지어 부모가 야단을 치면 욕을 하며 달려들기까지 했다. 아이는 적성에 맞지 않은 공부해서 뭐하냐며 자퇴하고 기술을 배우겠다고 고집을 피웠다. 오죽 답답했으면 고등학교 졸업만 하라고 했을까. 아이는 요지부동이었다. 아이와 대화를 나눈 다음 마지막으로 내린 결정이 미국행이었다.

이곳에서 맨 먼저 해야 할 일이 아이들 학교문제였다. 집은 아는 사람을 통해 정했있고 임시로 밥 해 먹을 식기류는 준비되어 있었다. 처음 며칠은 시차 차이로 해롱거리며 지냈다.

대학 3학년인 딸은 이곳에서 3시간 떨어진 대학교에서 ESL과정을 다니기 위해 떠났다. 급하게 오다보니 가까운 대학교의 접수 시기를 놓쳐 이곳에서 3시간 떨어진 곳에 다니게 되었다. 아이가 스무 살이 넘어 동반비자가 아니라 개인 F1 비자를 받아야만 했다.

며칠 후 가까이에 있는 학교를 찾았다. 학교에서는 아이들을 직접 받을 수 없으니 Wake County에 먼저 접수를 하란다. 접수한 지 3일 후 인터뷰하러 Wake County를 방문했다. Wake County는 한국의 교육청과 같다. 아침 약속시간보다 5분 일찍 도착해 들어가려고 하니 바깥에서 기다리란다. 기다리는 동안 추워서 혼났다. 들어가자마자 어떻게 왔느냐고 묻더니 먼저 방문자의 명찰을 달란다. 명찰은 컴퓨터 모니터 앞에서 방문자 ㅇㅇㅇ, 생년월일 방문일자를 치면 방문자의 얼굴과 날짜가 기록된 종이 한 장이 나온다. 그 종이를 가슴에 달고 아이는 아이대로 부모는 부모대로 인터뷰를 했다.

인터뷰가 있은 지 일주일 후 배정된 학교에 갔다. 초등생인 작은아이는 grade 4, 둘째 아들은 grade 10에 다니게 됐다. 이곳은 아이들 예방접종 카드가 재학증명서만큼 중요하다. 접종 중 어느 하나 누락된 것이 있으면 접종증명서를 가지고 오기 전까지는 입실을 할 수 없다. 둘째는 일본과 캐나다에서 영유아 시절과 저학년을 다녔다. 한국 초등학교에 편입할 때 건강기록부를 첨부했다. 그러나 학교에 서류를 떼러 가니 건강기록부에 예방접종 기록이 백지로 되어 있었다. 여기에 얽힌 이야기는 다음 기회에 자세히 말할 것이다.

큰딸이나 막둥이는 착실한 아이라 신경이 덜 쓰이나 늘 둘째 때문에 노심초사다. 공부와는 담을 쌓고 살던 아이가 어느 날부터 숙제해야 한다며 책상머리에 앉아 있다. 나는 저것이 며칠을 가나 보자는 식으로 지켜보고 있다. 석 달이 지났는데 숙제는 꼭 해 가려고 한다. 며칠 전 영어학원에 다니면 안 되겠느냐며 제의를 했다. 나는 미국에서 무슨 영어학원이냐며 말을 끊어버렸다. 봉사활동 갔다가 마치 기러기 엄마가 있어 이것저것 물어봤다. 그녀는 이곳에서도 한국 학생들은 거의 과외를 한다고 한다. 기러기 엄마들의 조언으로 이곳에 대한 정보와 과외 선생님의 주소를 알아왔다.

아이의 행동이 예전 같지 않다. 말 수 적던 아이가 엄마 곁에 와 학교에서 있었던 얘기를 해 준다. 요즘은 공부를 잘할 수 있는 방법과 MIT대학교는 어디 있으며 그 학교가 얼마나 괜찮은 학교냐며 물어 온다. 자녀교육에 무덤덤한 내가 그래, 네가 누구 아들인데 하며 큰소리치고 싶은 오후, 햇살이 소복이 내려앉은 정원에 며칠 전 모종한 고추, 가지, 토마토 세 포기가 꽃망울을 맺고 있다.

아이들은 뛰어놀고 싶어한다 2

 이곳에 온 지 4개월이 지났지만 아이 셋을 둔 나의 마음은 아직도 무겁다. 가지 많은 나무에 바람 잘 날 없다는 말이 새삼스레 가슴에 와 닿는다. 나는 올해 대학생인 딸과 고등학생인 아들, 초등학교에 다니는 아들을 둔 엄마다.

 세 아이 중 둘째 아이 때문에 늘 고민이다. 고등학교 들어가 야간 자습을 일주일이나 했을까, 어느 날 더 이상 못하겠다며 집에 와 드러누웠다. 학교에서는 학원 간다고 야간자습을 빼놓고 학원은 가뭄에 콩 나듯 다니다 결국 방안에서 컴퓨터와 노래를 들으며 잠만 잤다. 한국에서 답을 찾지 못한 우리는 마침 미국에 올 기회도 있고 해서 미국행을 택했다.

 이곳에 와서 제일 먼저 해야 할 일이 아이들 학교 문제였다.

 둘째 아이의 학교는 집에서 차로 15분 걸린다. 스쿨버스가 다니지만, 첫날이라 승용차로 아이를 데리고 갔다. 학교 가는 길은 키 큰 나무들이 줄지어 서 있고 넓은 뜰에는 소와 말이 한가로이 풀을 뜯고 있었다. 이곳은 신기한 것이 참 많다. 교차로에 빨랫줄 같은 선에 달린 신호등과 우체통이 도로변에 나란히 서 있는 장면이 이색적이다. 집은 눈에 띄지 않지만 분명 그 숲에는 여러 집이 살고 있다는 표시다. 그 외 학생들은 학교마다 운행하는 4~50대의 스쿨버스를 이용한다.

 학교에서 한국 학생을 여러 명 만났다. 이곳이 학군이 좋아 한국 유학생들이 많다고 한다. 고교생들은 아침 6시 조금 넘어 등교했다 오후 3시 전에 집에 온다. 아이가 선택한 교과목은 모두 4과목(영어, 수학, 컴퓨터, 체육)이다. 교과목은 한국의 대학교와 같이 아이들이 좋아하는 과목을 선택해서 듣는다. 한국과 달리 과목 수가 적고 늦은 시간까지 학교에서 공부하지 않아도 돼 아이가 즐거워한다. 주위에 아이를 유혹하는 PC방 같은 것이 없어 부모된 입장에서도 더없이 좋다. 아이는 며칠 뒹굴고 놀더니 어느 날부터 숙제해야 한다며 책상머리에 앉아 있다. 나는 과연 며칠이나 갈까 하고 호기심 어린 눈으로 지켜보고 있다.

아이가 성적표를 가져왔다. 전 과목 A를 받았다. 수학은 인도계 학생이 1등을 하고 저가 2등을 했단다. 수학은 거의 한국계 학생이 상위권을 차지한다. 나는 거짓말이 아니냐고 무심코 말했다가 사람 무시한다고 본전도 못 찾았다. 워낙 공부와는 담을 쌓고 있던 아이라 말은 하지 않았지만, 심적인 변화가 일어나고 있는 것 같다.

글로벌 시대, 살아남기 위한 경쟁은 치열하다. 특히 국토가 좁고 천연자원이 부족한 한국이 선진국들과 어깨를 나란히 할 수 있는 것은 지나치리만치 과열된 교육열도 한몫을 했으리라. 허나 그에 따른 후유증 또한 크다고 할 수 있다. 여기에서 공부하고 있는 우리 학생들을 보면 그렇다.

초등학교부터 유학을 와 기러기 가족으로 생활하고 있는 많은 가정을 보고 깜짝 놀랐다. 이민자들의 자녀나 직업상 이곳에서 생활하는 사람들은 국·공립 고등학교까지는 무료지만, 그렇지 않은 사람은 사비로 학교에 다녀야 하므로 경제적 부담이 크다. 외화를 버려가며 해외로 나와 공부를 시켜야 하는 우리의 교육 현실이 안타깝기만 하다.

요즘 나는 ELS과정을 공부하기 위해 아침 8시 30분에 나갔다 오후 3시에 돌아온다. 집에 오면 녹초가 돼 아무것도 할 수 없다. 이전에 아이들이 방과 후 집에서 놀거나 TV를 보면 공부하지 않고 뭐하냐며 야단쳤던 일이 미안하게 다가온다. 외국에 나와 보니 우리나라처럼 살기 좋은 나라는 없는 것 같다. 살기 좋은 나라인 만큼 아이들도 즐겁게 학교에 다닐 수 있는 날이 오기를 기대해 본다.

인연

우리는 많은 사람과 인연을 맺으며 살아간다. 같은 아파트에 살면서도 타인으로 살아가는가 하면 멀리 떨어져 있어도 그리운 사람이 있다. 이는 누구를 어디서 어떻게 만나 인연을 맺어 가는가에 달렸다.

나는 지금 미국 노스캐롤라이나주의 캐리시에 살고 있다.

남편이 NC State University에 교환교수로 오게 되어 가족 모두 동행한 것이다. 이곳에 온 지 벌써 9개월이 되었다. 한국에 살면서도 타인처럼 지내던 충청타임즈 독자와 따뜻한 인연이 되고자 미국에서 살아가는 소박한 이야기를 전한다.

캐리는 미국 동부의 중심부에 자리하고 있는 노스캐롤라이나주의 한 도시이다. 우리 집에서 30분 떨어진 랠리Raleigh에 주청사가 있다. 노스캐롤라이나 주는 해안평야지대로 숲과 나무가 많으며 온화한 기온과 공기가 맑아 사람이 살아가는 데 가장 이상적인 조건을 갖추고 있다. 미국에서 가장 살기 좋은 도시 1위로 몇 년째 선정된 만큼 살기 좋은 주이다. 그중에서도 캐리는 치안이 가장 안전한 곳이다.

이곳은 미국에서도 손꼽히는 대학 —Duke University, University of North Carolina, NC State University—이 트라이앵글을 이루고 있고, Research Park란 과학연구단지가 있어 연구원이나 유학생들이 많이 살고 있다. 내가 사는 곳은 위의 세 대학교를 연결하는 중심지에 자리하고 있다. 매년 언론인, 교수, 의사, 공무원, 정치인들이 연수를 많이 다녀가는 곳으로 유명하다. 이런 이유로 다른 지역에 비해 이곳에 사는 사람들 60%가 박사학위 소유자라 한다.

이곳에서 생활하고 있는 한국 가정은 대개 자영업, 공무원, 회사원, 기러기 가족 등으로 이뤄져 있다. 자영업으로는 청소원, 세탁소, 음식점 등을 운영하는 사람이 많고 공무원으로는 교수, 연구원 등이 많다.

이른 봄부터 벚꽃이 한창이더니 5월엔 층층나무Dogwood와 인동초가 7월~9월엔 목 백일홍이, 가을엔 단풍이 나를 황홀하게 만든다. 지금은 목백일홍의 빨간 열매와 동백꽃향이 산호색 하늘바다로 올라가고 있다.

낯선 곳에 발을 딛고 살아가는 나에게 이곳의 자연은 좋은 벗이 되어 준다. 몇 개월 생활하면서 나는 나대로 살아가는 방법을 터득해 이제는 이곳 생활에 익숙해져 있다. 처음 몇 달 동안은 아이들 학교문제와 익숙하지 않은 미국생활에 적응하느라 아이는 아이대로 어른은 어른대로 혼쭐이 났다. 이제 겨우 가족 모두 제자리를 찾은 것 같다.

처음에 외톨이로 지내던 아이는 또래 친구들과 장난도 치며 신나게 학교에 다닌다. 나는 이곳에 온 지 한 달 후부터 대학교에서 실시하고 있는 프로그램 ESLEnglish Second Language에서 공부한다. 아직도 잘 알아듣지 못하고 의사전달도 잘 안 되지만 다른 나라에서 온 친구들과 즐겁게 공부하고 있다.

우리는 어디에서 누구를 만나 어떤 인연을 맺어 가느냐에 따라 우리의 삶이 달라진다. 나는 지금 이곳에서 살아가는 이야기를 충청타임즈 독자와 좋은 인연이 되었으면 하는 바람으로 얼마 동안 전하고자 한다.

지금 이곳은 춥지도 덥지도 않은 갈바람이 분다. 우리 집 건너편에는 큰 목장이 있다. 목장 한가운데 옥수수밭이 있는데 며칠 전 베어놓은 옥수숫대 위로 수십 마리의 젖소들이 한가로이 거닌다. 몸과 마음이 추운 분들을 위해 저는 이곳의 맑은 공기와 산호색 하늘과 평화로운 풍경을 갈바람을 통해 보내드리니 오늘 하루 행복하시길.

캔디 안 주면 장난 칠거예요 Trick-or-treat

 주위가 온통 천연색 물결로 술렁인다. 철철이 내린 햇살로 생명의 이름들이 제 이름값을 다 하려는 모습이 우리를 숙연하게 한다. 변화무쌍한 계절은 우리의 마음을 변화시킨다.
 일상이 권태로워질 때, 계절은 말없이 찾아와 잠든 우리의 영혼을 깨운다. 봄의 역동이 여름을 키워 가을에게 겸손을 가르친 자연의 오묘함이 나약한 우리에게 경종을 울리는 건 아닌지. 작은 것 하나 예사롭게 보이지 않는 이 계절, 우리는 누구에게 이 풍요로움을 감사해야 할지?
 하나 둘 떨어져 뒹구는 낙엽을 밟으며 사색하다 보면 젊은 날의 계절이 마음을 흔들며 지나간다. 이는 내가 아직 건재함을 의미한다. 버거운 삶 속에서도 햇살 같은 미소를 피울 수 있는 건 우리에게 희망이 있기 때문이다.
 환경적으로 축복받은 이 땅에 살고 있는 우리는 자못 행복한 사람들이다.
 우리의 마음도 가을 분위기만큼이나 울긋불긋하게 물들어가고 있다. 고대 켈트족들이 악령을 쫓기 위해 행해진 핼러윈 데이halloween day와 메이 플라워호號로 신대륙에 이주한 반反 영국 청교도들이, 첫 수확을 하나님께 감사한 일에서부터 비롯된 추수감사절 Thanksgiving Day로 미국 전역은 축제 분위기이다.
 농가를 지나가다 보면 농부가 알을 낳은 황금빛 호박들이 길가로 나와 주인을 기다리고 있다. 호박들은 "주인님, 주인님, 어서 저를 데려가 촛불을 밝혀 주세요. 그렇지 않으면 10월의 마지막 날 밤 어흥할 거예요."라고 할 태세이다.

미국에서 처음으로 맞이하는 핼러윈 날, '농부가 낳은 황금알 몇 알 사다가 조각해 놓고 촛불을 밝힌 다음 "Trick-or-treat" 외치며 찾아오는 발길 위에 초콜릿과 캔디로 달래며 돌려보내야겠지.'

추억으로 깊어가는 가을, 부족한 나는 자연에 순응하며 감사의 기도를 한다.

어느 시인의 노래처럼.

    가을에는
    기도하게 하소서
    낙엽들이 지는 때를 기다려 내게 주신
    겸허한 모국어로 나를 채우소서

    가을에는
    사랑하게 하소서
    오직 한 사람을 택하게 하소서
    가장 아름다운 열매를 위하여 이 비옥한
    시간을 가꾸게 하소서

    가을에는
    호올로 있게 하소서
    나의 영혼
    굽이치는 바다와
    백합의 골짜기를 지나

마른 나뭇가지 위에 다다른 까마귀같이

— 김현승, 「가을의 기도」 전문

 축제와 감사의 물결이 출렁이고 있는 요즘, 미국이 230여 년 밖에 되지 않은 짧은 역사 속에 한국인이 첫발을 디딘 지 100년이 되었다. 세계 최대 강대국이 된 미국에 켈트족의 문화와 유럽의 문화가 정착된 것과 같이 우리의 문화인 추석이 이 땅에 뿌리내리기를 기대해 본다. 그때는 아마도 터키turkey 대신 송편을, 희귀한 복장 대신 고깔모자를 쓰고 징과 꽹과리를 치며 이 동네 저 동네를 활보하겠지.

2부

기러기 가족

강남에 제비가 있다면 미동부엔 기러기가 있다.
강남제비 물 따라 놀고 미동부 기러기 학군 따라 논다.

뿌연 새벽, 높이 날지도 못하는 기러기 떼가 아침을 깨운다.
기러기떼 울음소리가 자명종 소리보다 더 선명하게 들린다. 마치 애처가인 기러기 아빠가 한국에서 기러기 엄마에게 미국으로 전달하는 애련의 소리 같다. 이른 아침이나 늦은 저녁이면 문안 인사를 하듯 날아간다. '안녕하냐고.'
말로만 듣던 기러기 가족이 이렇게 많다는 걸 미국에 와서 실감한다. 요즘은 지구촌 어디를 가나 한국 사람들을 쉽게 만난다. 나라와 지역에 따라 분포된 구성원들이 다를 뿐이다.
특히 학군이 좋은 영어권에는 그 수가 엄청나다. 이곳도 예외는 아니다. 미국 동부에 사는 기러기 가족들을 살펴보면 보스턴이나 맨해튼, 워싱턴 DC 등 미국 동북부에는 주로 한국의 재벌가 가족이, 미국 동중부에는 중산층 기러기 가족이 모여 산다.
이러한 특징은 학군과 경제적 관계가 있다. 미동북부는 집값과 생활비가 많이 들어 한국의 웬만한 가정이 살기에는 벅찬 곳이다. 그에 비해 미동중부는 학군과 생활환경, 경제적인 면에 있어서 한국인이 유학시키기에 적합한 곳이다. 그러한 영향인지 노스캐롤라이나주에는 많은 기러기 가족이 살고 있다. 특히 캐리와 채플힐에는 한국인 기러기 가족 집단촌이 있다. 기러기 가족의 주목적은 자녀교육이다. 대부분 미국에서 학위취득, 주재원, 연구하러 왔다가 눌러앉는 경우가 많다.

특히 법조계, 언론계, 정치인, 교수 등, 매년 많은 사람이 미국을 방문한다. 물가나 환경, 학군, 치안 모두 잘 갖추어져 있기 때문에 다들 이곳을 선호한다. 이들이 이곳에 남을 수밖에 없는 이유는 무엇일까? 이들의 자녀들은 대부분 아빠가 외국에서 공부할 때 태어나 외국에서 생활한 아이들이다.

아빠가 학위를 받고 외국에서 직장을 잡아 남아 있는 경우도 있지만 과반수는, 한국으로 돌아간다. 아빠는 힘들게 배운 지식으로 한국에서 공헌하며 생활하지만 아이들은 많은 어려움을 겪는다. 잘 적응하는 아이도 있지만, 대부분 아이들이 힘들어한다. 그러나 이들 가정은 아이들 문제로 고민하다가 외국행을 선택한다. 이 무렵 아이들은 대부분 중등생이다. 처음에는 국외생활에 적응하기 위해 일 년간 비지팅으로 생활하다가 아빠는 가족을 남겨놓고 한국으로 돌아가는 경우가 많다.

대부분 기러기 가족이 이런 유형을 띠지만 아예 처음부터 아이들 교육목적으로 엄청난 돈을 들고 와 생활하는 졸부들도 있다. 아이들은 물을 만난 물고기마냥 미국생활을 좋아한다. 한국과는 비교할 수 없을 만큼 학생들 위주로 창의적인 프로그램이 짜여있기 때문이다.

등하교는 스쿨버스나 자가운전, 부모의 도움으로 이루어진다. 수업은 아침 7시 20분에 시작하여 오후 2시 18분에 마친다. 방과 후에는 본인이 원하는 취미활동이나 아르바이트 아니면 집으로 돌아와 각자 알아서 자유 시간을 보낸다. 이렇게 일 년간 길든 아이들은 대부분 한국행을 거부한다. 부모 대부분은 아이의 장래를 위해 대학

입학까지라는 전제의 타협안을 제시하고 기러기 부부가 떨어져 생활하기로 한다.

비자에 따라 기러기 가족의 유형이 달라진다. 미국에서 태어난 아이들은 시민권이 있어 공립학교에 들어가 무료로 다닐 수 있지만 그렇지 않은 아이들은 사립학교에 다녀야 한다. 이때 아이를 공립학교에 넣기 위해 엄마가 학교에 다니며 학생비자를 받기도 한다. 엄마가 학생비자를 받으면 아이는 동반 비자로 공립학교에 다닐 수 있다. 아니면 아이를 사립학교에 넣고 엄마가 관광비자로 출입국을 반복해야만 한다. 이 경우는 만만치 않은 비용이 든다.

사람에 따라 이민을 신청하여 영주권을 받고 아빠는 한국에서, 나머지 가족은 이민자로 미국에서 생활하는 사람도 있다. 엄마가 비자를 받을 경우 하기 싫은 공부를 해야만 한다. 아빠의 능력에 따라 공동연구로 5년 비자 받아 편안히 생활하는 가족들도 있다. 이런 경우는 주정부에서 무료로 실행하는 수업을 들으며 골프도 치고 미국에서 누릴 수 있는 풍요를 마음껏 즐길 수 있다. 단 한 가지 어려운 점이라면 이곳은 대중교통이 없어 직업상 "엄마는 운전사"란 말까지 있다.

방과 후 아이들의 스케줄에 따라 엄마는 언제나 대기하고 있어야 한다. 이곳에서도 한국 학생들은 과외를 하고 학원에 다닌다. 미국에 가면 놀면서 다닌다는 말은 옛말이다. 미국에도 한국처럼 한국 유학생을 위한 학원이 우후죽순 늘어나는 추세다.

이곳에서 만나는 사람들은 신앙생활을 하고 있어서 그런지 다들 성정이 유순하다. 특별한 일을 제외하고는 대부분 교회에서 보낸다. 교회나 주 정부에서 실시하고 있는 ESL 과정에서 정보교환을 한다. 교회에 기러기 가족 1년 차 코스, 3년 차 코스, 5년 차 코스가 있다. 기러기 가족이 겪어야 할 어려움은 인지상정이라고 선배 기러기 가족들이 도움을 준다. 이들끼리는 잘 통한다. 지성미 어느 것 하나 빠질 것 없는 준수한 여성들이다. 가끔 행사나 가족모임이 있을 때는 미팅이라도 해서 짝을 데리고 오자고 농담을 하기도 한다. 한국에 있는 사람 중에는 이들을 부러워하지만, 이들은 한국에 빨리 돌아가 가족들이 함께 모여 살기를 원한다. 웃고 있어도 예쁜 얼굴에 그늘이 져 있다. 원수 같은 남편도 옆에 있는 게 낫다는 말이 이들을 두고 하는 말일 것이다. 가족상봉은 방학이나 특별휴가 때 이루어진다.

 한국에 남아 있는 기러기 아빠들을 일명 "올빼미형"이라고 한다. 대부분 하이칼라로 혼자 생활하다 보니 밤거리를 헤매고 다닌다고 부쳐진 이름이다. 반면 기러기 엄마들은 아이들 학교 보내놓고 영어를 배우러 다니거나 취미생활, 봉사활동을 하며 아주 모범적으로 생활한다. 밤이 되면 어떤 기러기는 '긴긴 밤을 술로 달랜다.'는 소리도 들린다.

 무릇 기러기 가족은 90년 이후 한국 공교육에 대한 불신과 한국 부모들의 높은 교육열, 세계화 시대의 진전이 어우러져 만들어낸 교육모델로 세계사에 유례가 없는 인위적 '결손가정'의 형태이다. 유학도 이제는 옛말이다. 이전처럼 영어권에서 공부하고 오면 성공하는 시대는 지났다. 미국에서도 동양계 학생들이 워낙 실력이 출중하다 보니 같은 동양계 학생들끼리 경쟁을 하는 현실이다. 교포 중 좋은 대학을 졸업하고도 취직이 안 돼 방황하는 이도 있다. 외국 유학을 원할 때는 부모나 학생 모두 득과 실을 꼼꼼히 살펴봐야 한다. 국제화 시대 이제는 KOREA란 나라를 모르는 사람들이 거의 없다. 세계 속에 한국이란 나라가 급부상하게 된 것에는 지나치리만큼 자녀에 대한 부모의 교육열이 일조했다고 볼 수 있다. 21세기 자녀를 위한 진정한 우리의 참교육이 무엇인지 부모로서 한 번 생각해 봐야 할 문제이다. 자녀교육을 한답시고 부모들의 지나친 경제적, 시간적, 정신적 희생이 가정과 사회에 부작용은 앓지 않을까 우려된다.

누가 내 꼬리 34964512를 좀 떼어주실래요

시인 이육사264, 그에게 수인번호 264가 따라다닌다면 나에게는 34964512란 숫자가 따라다닌다. 264 보다 몇 배나 많은 숫자다

조금은 느슨한 생활을 해보겠다는 생각에 자동차 밴을 구입했다. 하지만 이곳은 노스캐롤라이나 DMVDepartment of Motor Vehicles에서 발급하는 운전면허증이 없으면 운전이 곤란하다. 국제면허증을 가지고 왔더라도 2달 안에 운전면허증을 새로 받아야만 한다.

아이들 학교 보내는 것 다음으로 중요한 것이 운전면허증 따는 것이었다. 학교 보내는 것도 만만치 않았지만 운전면허증을 꼭 따야만 한다는 강박관념이 줄곧 나를 피곤하게 했다. 우리 집에서 운전할 수 있는 사람은 유일하게 나 하나뿐이다.

현지인들을 통해 운전면허에 관한 정보를 받았다. 남들은 하루 이틀 공부하고 땄다는데 나는 자료를 받아본 순간 서둘러도 며칠은 걸릴 것 같았다. 매일같이 공부했지만 계획했던 것보다 시간이 많이 걸렸다. 시험 보기 전날인데도 아직 이틀 분량이 남아 있었다. 하는 수없이 남은 분량을 대충보고 예상문제 90문제를 집중적으로 봤다.

시험 당일 정신이 오락가락했다. 그래도 남편이 옆에 있으면 든든하겠지 싶어 함께 갔다. 먼저 접수를 하고 대기번호를 뽑았다. 접수처에서 영어로 뭐라고 물을 때 나는 어림잡아 대답했다. 긴장의 수치가 절정에 이르렀다.

내 번호가 화면에 뜨자 대기번호표를 경찰관에게 주고 그 번호

가 적힌 번호판 아래 앉았다. 담당경찰관이 서류심사와 시력테스트를 했다. 먼저 칼라로 된 교통표지판과 숫자를 읽으라 했다. 신호등과 표지판, 숫자판 세로 줄 3번 라인까지는 잘 보였으나 4, 5번 라인의 숫자가 잘 보이지 않았다. 4번 라인부터 숫자가 흐리게 보일 뿐만 아니라 숫자가 겹쳐 보였다. 나는 오늘 피곤해서 그런 것 같으니 다시 해보겠다고 여섯 번이나 시도했다. 친절하게도 담당 경찰관은 기다려주었고 나는 보이지 않는 숫자를 어림짐작으로 23589452라고 읽었다.

경찰관은 이제 그만 하고 안과에 가서 의사진단서를 받아 오라며 서류 한 장을 줬다. 그리고는 필기시험을 보란다. 다행히도 필기시험은 예상문제 90문항 안에서 거의 비슷하게 나왔다. 다 맞췄다. 시험을 마친 후 대기하고 있다가 경찰이 불러 갔더니 다음에 올 때 꼭 진단서를 가지고 오란다. 내 마음은 쓴 커피를 마신 것처럼 씁쓸했고 더구나 아침 일찍부터 긴장했던 것이 나를 더 허탈하게 했다. 남편보기에도 좀 민망했다. 안과를 가려다 발길을 돌렸다. 지인에게 물어봤더니 이곳에서 안과 가기란 쉽지 않단다. 예약을 해도 시간이 많이 걸릴 뿐만 아니라 비용도 만만치 않으니 다음에 컨디션 좋을 때 다시 가 보란다. 그 말이 맞는 것 같아 집으로 왔다.

집에 와서 접수할 때 받았던 대기번호표를 보니 all lost 34964512란 글자가 쓰여 있었다. 나는 그제야 내가 읽지 못한 4번 라인의 숫자가 34964512였다는 걸 알았다. 저녁에 지인들이 운전면허 시험에 붙었느냐고 전화가 왔다. 오늘 있었던 얘기를 했더니 자기도 숫자가 잘 안 보여 기계에서 눈을 떼었다가 다시 봤다고 한다. 또 다른 사람은 자기도 나와 같은 경험이 있다며 다음에 갈 때 자기의 돋보기안경을 가져가란다.

일주일 후 다시 DMV를 찾았다. 빌린 안경을 써보니 어지러웠다. 가까이 있는 것은 안경을 벗고 보는 것이 훨씬 더 잘 보였다. 담당 경찰관이 진단서를 보여 달라고 해서 안경을 가져왔다고 하니 4번 라인부터 읽으란다. 접수할 때 받았던 번호표에 붉은 볼펜으로 34964512를 쓴다. 그 숫자를 보는 순간 이 사람들 정말 지독하다는 생각이 들었다. 내가 이곳에서 한 행동과 있었던 사실을 컴퓨터에다 저장해 둔 것이다. 도로주행을 마치고 DMV로 돌아와 사진을 찍고 미화 4달러를 내고 임시면허증을 받았다.

타국에 살다 보면 문화적 차이에서 오는 당혹감과 불편함도 크지만 가장 불편한 것이 언어다. 언어가 소통되지 않으니 아무리 보디랭귀지를 한다고 해도 한계가 있다. 어떤 사람은 운전면허시험 접수할 때 멋모르고 Yes한 것이 장기기증이었다나.

낯섦이 주는 긴장감과 새로운 경험은 나를 한정된 숫자 속에 가두어 수인번호처럼 옥죄었다. 한국의 시력테스트를 생각해 대략 몇 정도로 기록되겠지 하고 여러 번 시도한 것이 결국 영원히 지울 수 없는 숫자 34964512를 내가 미국에 사는 동안 꼬리처럼 달고 다녀야 한다. 미국은 한국과 달리 서류처리나 문제해결에 있어 한국보다 많이 느리다. 허나 우리가 대충 넘길 일도 미국인들은 상세하게 기록해 둔다. 이런 것들을 극복하며 당분간 살아가야 한다고 생각하니 머리가 어지럽다.

문화의 나라에서 크리스마스를

거리마다 크리스마스트리와 캐럴송이 울려 퍼지고 있는 가운데 29개국에서 온 사람들이 한자리에 모였다. 마치 국제적인 회담이나 대행사가 열리는 분위기였다. 행사장 입구에서 이름을 확인한 후 명찰을 달고 지정된 테이블에 앉았다.

우리 가족은 무대 맨 앞에 있는 7번 테이블이다. 테이블 위에는 생화로 만든 크리스마스 장식과 촛불이 지정된 좌석의 이름표를 밝혀주고 있었다. 무대와 행사장은 만국기와 크리스마스트리로 반짝거렸다. 참석한 사람들은 크리스마스 분위기에 젖어들고 있었다.

오늘 참석자들은 미국문화와 영어를 가르치는 미국인 선생님들과 영어를 배우고 있는 외국인이다. 이곳에 참석한 외국인들은 ESL 교실을 거친 사람들과 현재 공부하고 있는 학생들과 그의 가족들이다.

미국의 문화가 크리스천들에 의해 형성되었고 그들에 의해 변화, 발전된 만큼 미국인들에게 있어서는 크리스마스가 연중행사 중 가장 큰 축제이자 명절인 것이다.

순서에 의해 먼저 가족사진 촬영을 했다. 사진촬영은 참석자들에게 의미를 부여하기 위해 무료로 제공되었다. 촬영이 끝나고 자리에 앉자 감미로운 목소리로 크리스마스 노래를 다 함께 불렀다. 음치인 나도 그동안 수업 중에 배운 노래를 무대에 나가 합창하니 감회가 새로웠다. 아들은 엄마가 앞에 나가자 멋도 모르고 좋아서 사진을 찍느라 정신이 없었다.

학생들 중에는 재주꾼들이 많았다. 아랍에서 온 학생은 멋진 노래를, 중국에서 온 예쁜 여학생은 중국 악기 고쟁을 멋지게 연주해 기립박수까지 받았다.

　장기자랑이 끝나자 한 선교사가 단상에 올라 오늘 이 자리가 마련된 동기와 아기 예수가 왜 이 땅에 오셨는지? 우리는 누구인지? 나는 어디서 왔으며 어디로 가야 하는지? 우리의 존재에 대해 이야기할 때는 행사장 내 분위기는 자못 진지했다.

　이야기가 끝나자 자리에서 모두 일어나 손에 손을 잡고 세계 평화와 인류의 안녕을 위해 기도했다. 사람들은 하나같이 온화한 표정을 잃지 않았다.

　어디를 가나 우리는 음식을 빼놓을 수 없다. 오늘의 행사가 특별한 만큼 음식 또한 미국인들이 크리스마스 날 먹는 음식으로 준비되었다. 터키에서부터 50여 종류의 음식과 디저트까지 맛깔스럽게 준비되었다. 모두 이 행사를 진행하는 사람들이 손수 만들어 온 음식들이다.

　한국의 연말연시 모임을 보면 대부분 밖에서 이루어지지만 이곳에서는 손수 만든 음식을 가지고 와 가족적인 분위기를 연출한다.

　보통 미국 음식하면 햄버거나 도넛, 핫도그 같은 정크 푸드를 떠올리는데 행사 때 가보면 의외로 건강식이 많다는 것을 알 수 있다. 맛있는 음식을 먹고 마지막으로 이 자리에 참석한 외국인들은 자기 나라의 이름이 호명되면 일어나 "Merry Christmas and Happy new year"를 각 나라 말로 소개했다. 한국이 소개되자 우리들은 "즐거운 성탄절과 새해 복 많이 받으세요"라고 인사했다.

　'세계는 하나'라는 구호를 이곳에서 실감한다. 이 시대에 살고 있는 우리는 나라와 인종의 경계가 불분명해 지고 있다.

이 행사를 주최한 사람들이 누구며 참석자들이 누군지 구분을 할 수 없다. 비단 오늘뿐만 아니라 미국 전체의 인구를 볼 때 외관상 주인이 누구며 손님이 누군지 알 수가 없을 만큼 다양한 민족이 모여 산다. 그만큼 자유가 보장되고 살기 좋은 나라임에는 틀림이 없는 것 같다.

외국에 나오면 맨 먼저 실감하는 것이 언어의 장벽이고 둘째로 인종차별이다. 이것은 제아무리 유능하다 하더라도 피해갈 수 없는 문제이다. 이 넓은 대륙이 평화로워 보이는 것은 그들의 따뜻한 미소와 친절이 있기 때문이다.

질서와 친절, 정신적 문화가 허물어져 가는 우리의 현실에 한국을 찾는 외국인들은 어떤 인상을 받을까? 지구촌은 인종이나 민족의 경계가 점점 무너지고 있다. 이러한 시대에 우리가 선진국 국민이 되자면 경제적 위상이나 학력도 중요하지만 타인을 배려하는 질서와 친절, 정신적 문화의식이 변화해야 할 때이다.

감사의 계절

캐리에서 랠리로 가는 길. 나는 하루에 두 번 크랩 추리 호수Lake Crab tree와 만난다. 호수는 크지도 작지도 않다. 호수는 나를 이곳을 지날 때마다 한 번 담갔다 내놓는다. 어제는 호수 바람에 떨어지는 무수한 단풍이 내 마음을 붙들더니 오늘은 왼쪽 늪의 갈대가 나를 부른다.

호수의 풍경은 늘 새롭다. 요즘은 단풍이 참 곱다. 비옥한 땅의 단풍이라서 그런지 노란 단풍나무도 황금색과 붉은 색 단풍을 동시에 달고 있다. 한 그루의 나무에서 여러 색깔의 단풍을 달고 마술을 부린다. 인공이 만들어 낸 색깔로는 담을 수 없는 색채들이다. 나무와 늪이 많은 이 도시에서 맑은 공기와 아름다운 자연과 함께 호흡할 수 있는 나는 참으로 행복하다.

나는 미국 노스캐롤라이나주 주정부Wake County에서 운영하고 있는 ESLEnglish Second Language 과정을 공부하고 있다. 메인 수업은 아침 아홉 시에 시작해서 오후 한 시에 끝난다. 반 편성은 레벨Level 1~6까지 있다. 보너스로 번역translation 반과 CD를 듣고 답하는 수업 Crossroads Cafe도 있다. 그 외 오후 수업은 한 시 십오 분부터 세 시까지 문법과 이디엄 수업이 있다. 여러 곳에서 영어수업이 운영되고 있으나 이곳Church of Christ이 가장 잘 가르친다고 소문이 나 있다. 그 소문을 듣고 나도 이곳에서 공부하고 있다. 처음에는 오후 수업까지 듣다가 힘이 부쳐 지금은 메인 수업만 듣고 있다. 이것도 따라가기 힘들어 쩔쩔맨다.

수업받는 학생들은 주로 이곳에서 대학원에 다니기 위해 온 학생들과 유학생 가족, 이민자, 연구차 온 사람들로 이루어져 있다. 나는 지금 루이스Luise 선생이 가르치는 수업 레벨 5에서 공부하고 있다. 우리 반 학생들은 한국, 중국, 일본, 멕시코, 이스라엘, 터키, 이란, 브라질, 아르헨티나, 콩고에서 온 사람들로 구성되어 있다. 모두 18명인데 이들 중 한국인은 나를 포함해 4명이다. 루이스는 이곳에서 제일 잘 가르친다고 한국인들 사이에 평판이 나 있다.

레벨 5 수업은 한 학기에 소설책No Place Like Home 1 한 권과 영화 Father of The Bride 1, 2를 정했다. 매일 소설 한 차트와 영화를 20분 보고 토론식 수업으로 쓰기와 문제풀이를 한다. 매주 금요일에는 시험을 본다. 루이스 선생 재량으로 외부 강사를 초청해 노래교실, 변호사 초청, 대화 시간 등 특별수업도 한다. 젊은 학생들 틈에서 공부하고 있는 나는 아주 힘들다. 많이 힘들지만, 이들과 함께 공부할 수 있어 좋다.

오늘은 노래를 가르치는 매리Marry 집에서 추수감사절Thanksgiving Day 파티가 있다. 매리네 집 가는 길옆으로 단풍이 절정이다. 먼저 물든 잎들이 차장으로 날아와 가을을 이야기한다.

매리네 집 정원에는 피부색이 다양한 사람들로 북적거렸다. 맑은 하늘, 고운 단풍으로 가득한 날, 여러 민족이 한자리에 모여 있으니 뜰이 더욱 풍성해 보인다. 백여 명이 한자리에 모여 단풍잎 하나씩 높이 들고 이 풍요로운 가을을 우리에게 준 것에 대해 감사했다

의식을 마치고 우리는 미국인들이 마련한 추수감사절 음식을 먹었다. 티키에 크랜베리 소스, 감자 샐러드, 호박파이, 샐러드로 장식한 달걀 등 맛깔스럽게 준비되었다. 우리의 무청 시래기 무쳐놓은 것 같은 음식도 있었다. 이곳에서도 이런 음식을 먹나보다. 각자

취향에 맞게 접시에 담아 테이블이나 정원에 앉아 먹었다. 테이블 위에는 호박 속을 파서 그 속에 꽃을 꽂아 놓았다. 호박 주위는 장미 꽃잎을 뿌려 두었다. 테이블 위의 장식이 가을의 풍요로움을 더해 준다. 나는 터키를 크랜베리 소스에 찍어 먹는 것을 좋아한다. 찬바람이 이는 날 식은 음식을 먹다 보니 한국에서 장작불 지펴놓고 오순도순 둘러 앉아 따뜻하게 먹던 바비큐가 그리워진다.

요즘 미국은 추수감사절 시즌이라 한 달 전부터 여기저기서 파티가 한창이다. 나 또한, 한 달 전부터 추수감사절 파티에 초대받아 바쁜 나날을 보내고 있다. 미국인들은 외국인들에게 추수감사절의 의미와 음식문화를 알리기 위해 여러 곳에서 행사나 파티를 열고 있다. 나 같은 이방인도 이들이 마련한 문화의식에 동참함으로써 미국의 정서와 문화를 하나씩 배워간다. 초대해 준 매리와 미국인 가족들에게 감사를 드린다.

우리나라도 이젠 선진국 대열에 진입했다. 어느 나라를 가든 KOREA를 모르는 사람은 거의 없다. 사람이 살기 좋은 지구촌에는 어디를 가든 한국인이 살고 있다. 이곳에서 공부하고 있는 외국인 중에도 한국인이 제일 많다. 그만큼 우리의 경제수준이 높아졌다는 증거이기도 하다. 우리 민족이 외국에 나와 살고 있는 것처럼 한국에 거주하는 외국인 또한 늘어나는 추세다. 그러나 우리가 그들을 맞이하는 데는 많이 미숙하다. 선진 문화만 받아들이려고 했지 우리의 문화를 우리나라를 찾은 외국인들에게 제대로 알리려고 하지 않는다. 되레 우리문화를 접하고 있는 다문화 가족들마저 얕잡아 보는 경향이 있다. 우리의 생활 수준이 높아진 만큼 이방인을 배려하는 의식 수준도 함께 세련되었으면 하는 바람이다.

경종

 이웃 나라 이야기지만 남의 일이 아니다. 쓰나미의 기억이 채 가시기도 전에 이번에는 도쿄에서 북동쪽으로 60km 떨어진 츠쿠바시에 토네이도가 강타했다. 피해를 당한 주민뿐만 아니라 뉴스를 접하는 전 세계 모든 이에게 자연재해에 대해 다시 한 번 생각하게 한다. 인명피해와 재산피해가 속출하고 있다니 자연의 위력에 우리는 주눅이 든다. 5월 6일 일본에서 일어난 토네이도는 이례적인 현상이다. 보통 태풍이나 허리케인은 여름철에 등장하는 불청객이지만 때아닌 봄날에 무슨 횡포란 말인가?
 자연의 위력 앞에 한없이 작아지는 우리는 불시에 찾아드는 기상현상에 맞닥뜨릴 수밖에 없다. 그 불안과 고민은 나라별로 다르다. 일본이 지진과 쓰나미로 늘 불안하다면 미국은 토네이도, 허리케인 또 다른 나라에서는 화산과 사막의 모래바람 등이 불안하게 한다. 반면 우리나라는 재해도 재해지만 남북한의 관계가 언제 악화될지 몰라 불안해한다. 나는 90년대 초, 전쟁이 일어날 것이라는 뉴스가 보도될 때, 라면을 두 박스 산 적이 있다. 허나 자연재해가 걱정되어 생필품을 산 적은 없다. 하여간 그 당시 어느 가게든 라면과 부탄가스가 동이 났었다. 그리고 보면 대한민국은 참 살기 좋은 나라이다.
 다들 한 번쯤 살고 싶어 하는 선진국 미국에서 살면 자연재해쯤이야 할 것이다. 왜냐하면, 과학과 기술이 세계최대강국이니까. 미국에 간 지 6개월 지났을 때 TV에서 토네이도 '아이린'이 미동부를 강타한다는 긴급뉴스가 숨 가쁘게 방송되었다. 나는 호기심 어린 눈으로 예의주시하며 토네이도가 지나가기를 기다렸다.

  아이린에 대한 뉴스가 보도된 다음 날 내가 사는 노스캐롤라이나에 세찬 바람이 먹구름을 몰고 왔다. 무더운 8월 말, 시원한 바람과 비가 내리니 나는 좋았다. 창밖에 일렁이는 나무들이 궁금해 밖으로 나갔다. 거리는 한산했고 굵은 빗방울이 나뭇가지를 때리는 소리가 동네에 가득했다. 이웃집들은 창문을 꼭꼭 걸어 잠그고 인기척조차 들리지 않았다. 나는 상가들은 어떻게 하고 있나 싶어 핑계 겸 찬거리를 사러 슈퍼에 갔다. 슈퍼에 들어서는 순간 깜짝 놀랐다. 슈퍼가 썰렁하다.

  입구 양 옆으로 가득하던 과일이 텅 비어 있다. 그 광경을 보고서 토네이도가 미국인들에게 얼마나 무서운가를 알았다. 모든 음식이 동이 난 것이다. 슈퍼에서 나와 다른 곳은 어떤가 싶어 다른 상업지역으로 갔다. 도로에는 교차로의 신호등이 두절되어 경찰차와 소방차가 긴급 사이렌과 깜박이를 깜박거리고 있다. 다른 상가들도 정전으로 인해 판매가 정지된 상태였다. 주위는 온통 비상상태지만 나는 순찰자마냥 여기저기를 둘러봤다. 집에 와 뉴스를 들으니 내가 살고 있는 곳에서 불과 몇 km 떨어져 있지 않은 곳에 2층집이 날아가고 나무가 부러져 도로가 마비상태라고 한다. 다행히 그날 저녁에 토네이도가 노스캐롤라이나를 지나 워싱턴으로 북상했다는 소식에 아이린의 대한 나의 호기심은 끝이 났다. 미국 동부를 강타한 토네이도 '아이린'이 사라지자 노스캐롤라이나에서 인명피해가 가장 많이 발생했다고 보도한다. 한국에서 지인들이 아무탈 없냐고 안부를 묻는다.

  며칠 후 나는 NC대학교를 가다가 공원 앞에 새겨진 흥미로운 나무 조각을 발견했다. 이곳이 바로 토네이도 아이린의 직격탄을 맞은 거리였다. 부러진 나무에 누가 사람을 조각해 놓았다. 주위는 부러진 나무를 잘라내고 지붕과 창문이 날아간 집들을 수리하고 있었다. 미국 집들은 한국과는 달리 허술하게 지은 집이 많다. 부서진 집들을 보면 어렸을 때 읽은 동화 '아기돼지 삼형제'가 지은 집이 떠오른다. 마치 시골에 나무로 지은 창고가 태풍이 지나간 뒤 무너진 것 같다. 토네이도가 올 것이라는 예보가 있을 때 토네이도의 위력과 대처방법을 수업시간에 배웠다. 지금까지 경험이 없는 지라 그다지 심각하게 받아들이지 않았다.

  우리는 위대한 자연 앞에 나약한 존재이다. 누구나 죽는다는 자명한 사실을 알면서도 열심히 살아간다. 내일의 종말이 올지라도 한 그루의 사과나무를 심겠다는 스피노자의 말처럼. 4월에 만발한 벚꽃에 눈물이 핑 돌고, 영산홍 붉게 핀 것만 봐도 가슴에 물이 드는 계절이다. 우리는 자연이 주는 경이로움에 울고 웃는다. 큰 재앙이 닥쳤을 때 경악하면서도 시간이 지나면 체념한 채 우리의 편리함을 추구하기 위해 자연을 파괴한다. 우리가 우리의 욕심을 채우기 위해 기술과 과학을 동원해 우리의 영역을 넓혀갈 때 지구는 우주와 대적하려고 자연의 힘을 동원한다. 자연의 힘도 우리의 욕심만큼이나 날이 갈수록 세력이 강해지고 있다. 이제 우리는 우리의 편리함만 좇아갈 것이 아니라 우리와 공존하고 있는 자연과 더불어 살아가는 세상을 생각해 봐야 할 때이다. 자연은 가끔 더불어 살아가자고 우리에게 경종을 울린다.

살기 좋은 나라가 행복한 나라는 아니다

미국은 다민족이 모여 사는 인간시장이다. 다민족이 모여 사는 만큼 문화적 갈등과 그에 따른 어려움도 많겠지만, 그들은 대체로 정해진 룰rule을 잘 지키며 따른다. 철저하게 감시하고 따라야 하는 룰로 인해 한국인들은 가끔 "속 터진다"고 말을 한다. 가령 한국에서 몇 시간이면 끝날 일을 미국에서는 보통 삼사 일은 좋게 걸린다. 오죽하면 "미국인은 융통성이 없다"는 말을 미국에 살고 있는 한국인들은 자주할까?

평화로워 보이는 얼굴, 따뜻한 말씨, 신사도 정신 등 깔끔한 매너로 생활하는 그 속에 아무런 장애물이 없을 것 같은데 왜, 미국생활이 답답하고 심심하다고 느껴질까? 그건 바로 우리 민족만이 가지고 있는 특유의 "눈치, 재치"란 것과 "정"이란 것을 찾아 볼 수가 없기 때문이다. 그들은 정해진 룰에 잔머리를 쓰거나 그 룰을 어기려 하지 않는다. 나는 답답하다고 할 만큼 문화적 차이를 느낀 적이 여러 번 있다.

대체로 미국인들은 업무처리는 정확하나 행동이 느리고 융통성이란 당최 없다.

처음 미국에 가 아이들을 학교에 보내기 위해 Wake county를 들렀다. 평시 느긋한 성격이지만, 아이들을 학교에 하루라도 빨리 보내기 위해 만나기로 한 이 날만은 예정시간보다 좀 일찍 도착했다. 날씨가 추워서 대기실에서 기다리려고 안으로 들어갔다. 우리를 본 직원은 아직 업무시간 5분 전이니 있다가 오라며 열린 문을 닫고 잠

갔다. 기분이 참 묘했다.

　그날 아이들 학교 입학에 관해 인터뷰한 결과를 바로 연락 주겠다는 것이 이 주일이 지나도록 캄캄 무소식이었다. 아이들은 학교에 가기까지 한 달 동안이나 집에서 뒹굴어야만 했다. 이 뿐만이 아니다. 고등학생인 아이가 한 학기 다니고 신학기가 되어 갈 무렵 Wake county에서 전학통지서가 날아왔다. 아이가 겨우 학교에 적응하고 있는데 어떤 이유로 전학이라니. 이해가 되지 않아 담당자를 찾아갔다. 이번 학기부터 행정상 구역이 바뀌게 되어 우리 집주소로는 다른 학교에 다녀야 한다는 것이다. 미국의 국·공립학교일 경우 집주소에 따라 학교가 정해진다. 미국에 오래 산 친구에게 물으니 종종 이런 경우가 있다고 한다.

　저녁 찬거리를 사러 한국 슈퍼에 갔다. 한국 슈퍼는 일반 슈퍼와 달리 동네에서 좀 떨어진 곳에 있다. 문 닫을 시간 5분 전, 정확하게 6시 55분이라며 다음 날 오란다. 30분을 운전해서 찾아간 곳이다. 한국 사람도 미국에 가면 미국 사람처럼 살아가게 되나 보다. 뒤돌아오는 오는 길이 왠지 휑했다.

　우리 집에서 내가 공부하러 가는 곳까지 약 30분이 걸린다. 집에서 얼마 떨어지지 않는 곳에 철길이 있다. 철길 인근에서 신호등 없는 샛길 두 개를 만난다. 나는 샛길에서 오는 차가 끼어들기 할까 봐 앞차를 긴장하며 따라간다. 내가 아침에 그곳을 통과하는 시간이 하루 중 가장 많이 정체되는 시간이다. 그 길은 출근 시간이면 차량으로 끝이 보이지 않는다. 다행히도 한국처럼 갓길로 끼어들기 하는 차가 없어 좋다. 그러나 나를 화나게 하는 건 갓길로 끼어들기 하는 차가 아니라 바로 내 앞의 차다. 샛길 가까이 가면 꼭 내 앞에 있는 차의 운전사는 손바닥을 흔들며 샛길에서 멈춰선 차의 운전사를 향해 먼저 가라고 신사도 정신을 발휘한다. 샛길로 들어서는 차의 운전사의 다정한 인사를 받으며 뒤따라오는 차까지 친절하게 보내고 난 후에야 출발한다. 1초라도 빨리 가려고 뒤따라가는 내 마음은 그 길에서 콩을 몇 말 볶았는지 모른다. 미국인은 옆만 볼 줄 알고 뒤는 볼 줄 모르는가 보다하며 꽤나 속으로 욕했다.

　얼굴을 보면 그 사람의 성격, 직업, 생활사, 교양 등을 짐작할 수 있다. 미국인의 얼굴을 보면 한국인보다 대체로 평화로워 보인다. 낙천적인 성격이라서 그런지 그 사람들 생활 자체가 느긋하다. 그러나 각자 책임지고 있는 업무만큼은 정확하게 수행한다. 부정이나 부패는 찾아 볼 수가 없다. 그 룰을 어기는 사람도 간혹 있긴 하지만 대부분의 사람들은 법치국가 국민답게 법을 따르며 순한 양처럼 순종하며 산다.

　시민권자나 영주권자들은 미국에 살고 있다는 것만으로도 자긍심을 가지고 있다. 그래서인지 지구촌의 많은 사람이 미국행을 꿈꾼다. 답답하다, 무기력하다 등 불만을 표하면서도 미국행을 꿈꾸는 건 최대한의 인권과 자유가 보장되기 때문이 아닐까? 미국이 세계를 좌지우지하는 데는 정치인이나 공무원의 청렴결백함과 국민들이 삼위일체가 되어 믿고 따르기 때문일 것이다. 로마에 가면 로마법을 따르라고 했다. 살기 좋은 나라에 와 살면서도 한국인만이 가지고 있는 정이 그리워지는 것은 왜일까?

3부

Soup Kitchen를 다녀오며

미국에 온 지 두 달이 되어갈 무렵 Soup Kitchen에 동참했다.
 지인에게 봉사활동하고 싶다고 하자 자기를 따라오란다. 내가 소속되어 있는 단체는 매달 첫째 주 수요일에 노숙자들에게 점심을 대접하려고 Soup Kitchen에 사인한다. Soup Kitchen은 주방에서 준비한 수프를 제공한다는 뜻이다. 한 마디로 노숙자들에게 음식을 대접한다는 의미이다. 미국이 선진국이라 걸인과 노숙자는 없겠지 하던 내 생각은 빗나갔다.
 이날 Soup Kitchen은 한국인 봉사자들과 미국인 봉사자들이 모여 노숙자들에게 점심을 대접하는 날이다. 약속 장소에 도착하자 미국인 봉사자들이 미리 와 음식을 준비하고 있었다. 우리가 들어가자 봉사활동 나온 미국인들이 반갑게 맞이한다. 먼저 봉사자 이름을 쓰고 그 옆에 사인한 다음 앞치마를 두르고 손을 소독한다. 주위를 둘러보니 미국 봉사자들은 젊은 사람 두 명을 제외하고는 다들 정년퇴직을 한 듯한 노년의 사람들이다.
 이곳에서 제공되는 음식은 기업이나 단체에서 기부한 것으로 만들어지고 시내 중심에 있는 한 교회 지하에서 평일 11시에서 12시까지 진행된다. 노숙자들에게 제공하는 모든 음식은 언제나 미국인들이 만든다. 우리가 하는 일은 식탁과 의자를 정리하고 식탁마다 꽃병에 꽃을 꽂는 일과 스푼, 포크, 나이프를 냅킨에 싸는 일 등 대개 잔일들이다. 점심시간이 다가오자 다 함께 모여 우리가 행하고 있는 일이 헛되지 않도록 기도를 했다.

기도가 끝난 다음 각자 배정된 장소로 갔다. 음식으로 고기(터키찜, 닭살, 소고기찜), 주식(볶음밥, 빵, 스파게티, 핫도그, 피자), 샐러드(배추 볶음, 당근과 여린 콩, 옥수수, 가지 볶음), 만두, 과일(오렌지, 사과, 포도), 음료수(커피, 콜라, 주스) 등이 준비되었다.

나는 샐러드 중에 배추 볶음을 담아주는 일을 맡았다. 방금 오븐에서 꺼낸 음식에서 풍겨 나오는 구수한 냄새와 맛깔스러움은 어느 호텔 뷔페에도 뒤지지 않았다. 시간이 되어 문을 열자 기다리던 사람들이 질서 정연하게 들어왔다.

어떤 사람들이 이곳에 올까가 자못 궁금했던 나는 음식을 나누어 주면서 한 사람 한 사람 동정을 살폈다. 어린아이를 데리고 온 젊은 남자, 화장을 짙게 한 여자, 머리에 꽃을 꽂은 여자, 모자에서부터 신발까지 빼지를 빽빽하게 단 남자, 귀부인티가 나는 여자, 큰 보따리를 여러 개 들고 있는 사람, 혼자서 군정 거리는 사람, 온몸에 문신투성이인 사람, 멋쟁이 신사까지 아주 다양했다. 표정들은 대개 어두워 보였다. 음식을 받아가면서 자신이 싫어하는 것은 거절하고 좋아하는 것은 더 달라고 떳떳하게 말한다.

인상적이었던 것은 머리에 큰 꽃을 꽂고 해죽거리던 여인과 빼지를 모자와 옷 전체에 장식한 남자 그리고 두 명의 한국 여인이다.

한국 여인들은 우리를 보자 반갑게 인사하며 어느 단체에서 나왔느냐며 한국어로 묻는다. 줄은 끝없이 이어졌고 경찰관 두 명과 감독하는 여인이 밥을 먹고 있는 사람들을 지켜보고 있다. 어떤 여인이 음식을 눈치껏 보따리에 넣자 감독관이 그 여인을 향해 불법이라며 당장 나가라고 소리를 쳤다. 여인은 눈치를 살피며 서둘러 먹고는 휑하니 나갔다. 마감 시간이 되자 여지없이 입구를 막았고 음식을 먹던 사람들은 일제히 일어나 나갔다.

우리는 청소를 마치고 나와서 오늘 있었던 일에 대해 함께 이야기를 나누었다. 내가 음식을 먹을 때는 편안한 마음으로 먹어야지 이런 곳까지 경찰관과 감독이 지켜봐야만 하냐고 불만 투로 얘기하자 옆에 있던 사람이 만약 경찰관이나 감독관이 없으면 언제 총을 들이댈지 모른다는 것이다. 미국은 사람이 많이 모이는 곳에는 반드시 경찰관이 필요하단다. 젊고 멀쩡한 사람들이 밥 먹으러 오는 것에 관해 묻자 요즘 젊은이들은 힘써 일하기를 거부하는 사람들이 많단다.

지구는 말없이 돌고 그 안에 사는 우리는 시간, 장소를 막론하고 발생하는 크고 작은 사회적인 문제에 골머리 아파한다. 요즘은 일하지 않고 먹고 살려는 사람들이 늘어나는 추세이다. 선진국이라 일하지 않아도 먹여줄 곳이 있어 그나마 다행이지만, 이 일마저도 한 번쯤 짚고 넘어가야 할 문제가 아닌가 생각된다. 성경 데살로니가후서 3장 10절에 "우리가 너희와 함께 있을 때에도 너희에게 명하기를 누구든지 일하기 싫어하거든 먹지도 말게 하라" 하였고 당나라 백장회해百丈懷海 선사(749-814)는 일일부작 일일불식 一日不作 一日不食 "일하지 않은 자는 먹지도 말라." 하였거늘……

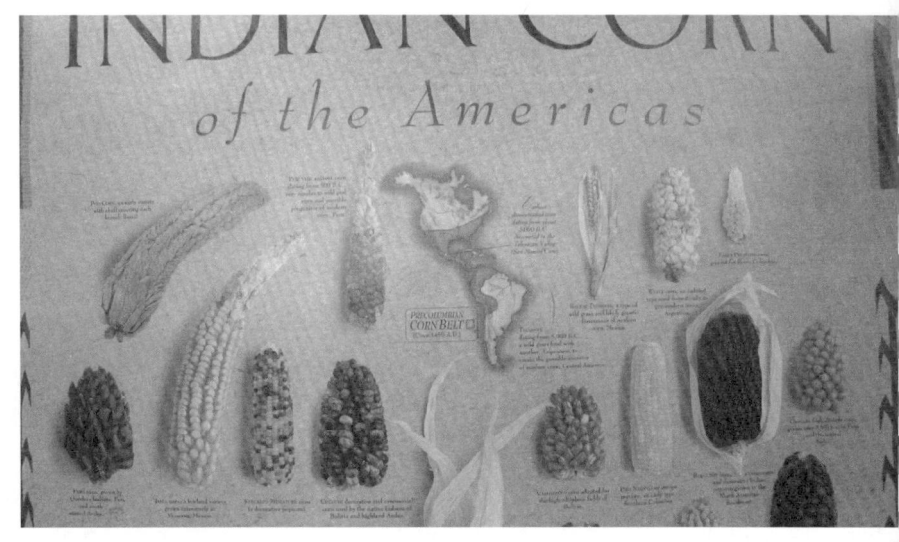

홀대받는 순수과학 짚고 넘어가자

현재 우리는 과학에 의존하며 산다고 해도 과언이 아니다. 과학의 발전은 우리 생활의 편리함을 꾀할 뿐만 아니라 복잡한 현실을 단순하게 만들기도 한다. 인간이 발명하고 개발되는 과학의 위대함이 어디까지 미칠지는 자못 궁금하다. 버튼 하나로 세계 동태를 한눈에 알아보는 시대, 인간의 위대함에 감탄할 따름이다.

지구촌이 온통 정보화시대인 요즘, 첨단기술로 경쟁하려는 국제 정세에 밀려 기초과학이 홀대를 받고 있는 현실이다. 우리나라는 21세기 들어 IT산업의 강국으로 급부상했다. 최근 삼성과 애플과의 법정투쟁에서 알 수 있듯이 우리의 IT산업은 세계 정상에 우뚝 섰다. 최근 미국 내에서는 한국인이 제2의 유대인이 될 것이라는 풍문이 돌고 있어 견제의 대상이 되고 있다.

불과 10여 년 전 만하더라도 우리나라 전자제품과 자동차산업은 국제 시장에서 경쟁 대열에도 오르지 못했다. 포장도 벗지 못한 채 전시장 뒤에서 먼지에 싸여 창고를 지키는 신세였다. 저가제품으로 낙인 찍혀 연명하던 시절이 있었다. 외국에서 생활하는 날이 잦았던 나는 그 시절 우리나라 제품과 같이 변방 신세였다. 지금은 미국 어디를 가나 우리나라 자동차가 거리를 활보하고 있다. 전자제품도 맨 앞줄에 전시된 모습을 보면 흐뭇하다.

산업화 시대가 전개되면서 기초과학보다는 응용과학 6T(정보통신기술(IT, Information Technology), 생명공학기술(BT, Biology Technology), 나노기술 (NT, Nano Technology, 초정밀기술), 환경

공학기술(ET, Environment Technology), 우주항공기술(ST, Space Technology), 문화콘텐츠기술 (CT, Culture Technology))의 기술이 발 빠르게 성장했다. 그에 따라 우리의 의식도 변해가고 있다.

첨단기술이 활기찬 요즘 전통육종(멘델 유전학)을 고집하는 한 학자를 지켜보면서 나름 순수과학에 대해 생각하는 날이 많아졌다. 연구자에 따라 연구과제와 방향이 다르다. 첨단 과학이 자리를 잡은 요즘 다들 기피하는 학문에 열정을 쏟고 있는 W박사를 보면서 가끔 미련하다고 생각할 때도 있다. 시골 출신인 그는 외국 기업에 의존하고 있는 우리나라 농업실태에 개탄하며 인체에 유익하고 우리나라 실정에 맞는 종자를 개발하겠다고 구슬땀을 흘리고 있다.

90년대 지구촌은 종자에 획기적인 기술, 유전자변형GMO이 돌풍을 일으켰다. 그때 종자 개발이나 연구하는 사람들은 유전자조작 연구에 촉각을 세웠다. 형질전환은 식물에 유전자gene를 삽입함으로써 병충해나 잡초에 면역력이 강해 외관상 고품질의 상품과 수량이 증가한다. 미국에서 생산되는 농산물은 거의 유전자가 삽입되어 있다. 우리나라 속담에 빛 좋은 개살구란 말이 있는데……. 많은 학자가 연구에 대해 거론하고 있으나 과학적으로 인체에 해로운지 아닌지는 아직 확인되지 않고 있다. 외관상 상품가치가 우수하고 수확량이 많아 유전자조작이 필수인 연구실 대부분은 이 연구를 계속 진행 중이다. 연구자 중에는 순수과학을 고집하는 분들도 있지만, 연구자 대부분은 연구비 문제가 걸려있어 유전자변형을 연구할 수밖에 없는 실정이다. W 박사는 학위과정에서 순수과학을 고집하다 보니 지도교수와 의견충돌로 시행착오를 겪었다.

우리는 눈앞에 보이는 이익과 쉽게 성취할 수 있는 일을 찾는다. 인간이 개발한 첨단기술로 물질적인 삶의 풍요와 편리함을 누리고 있다. 첨단기술은 인간이 가지고 있는 능력의 한계를 넘어서 우리를 지배하고 무력하게 만든다. 겉으로 보기에는 인간이 기계를 지배하는 것같이 보이지만 알고 보면 인간이 기계에 의존하면서 인간이 지니고 있는 탁월한 능력이 쇠퇴함과 동시에 지배를 당하고 있다. 이러한 시대 우리가 첨단 과학에 의존만 할 것이 아니라 우리의 생존문제가 달린 순수과학에 대해 한번 짚고 넘어가야 할 때가 아닌가 싶다. 지금은 미국 내에서도 유전자를 사용하지 않은 연구가 암암리에 이루어지고 있다.

미국은 실내에 실험하는 연구자보다 현장에서 연구하는 연구자를 인정하는 것을 볼 수 있다. 작물분야는 때와 장소에 따라 일정한 기간에 수확해야 한다. 한여름 푹푹 찌는 땡볕 아래서 연구를 해야 하는 작물도 있다. 농업분야는 현장에서 땅과 호흡하며 연구하는 것이 중요하다. 한 가지 예를 들면 Major Goodman 교수는 75살 된 옥수수 육종학자Breeder인데 실내에서 연구하는 교수들보다 2배 이상의 월급을 받고 있다. 물론 학문을 돈으로 평가할 수는 없지만, 새로운 품종을 개발하는 것이 얼마나 중요한가를 알려주는 예라 할 수 있다. 육종은 우리 생명을 담보로 하는 중대사인 만큼 신중하게 다루어야 한다. 음식으로 장난하는 사람은 절대 구제해서는 안 된다.

우리는 의식주를 무시하고서는 살아갈 수 없다. 우리 입으로 들어가는 食이야말로 우리의 몸을 지탱하는 지렛대다. 그만큼 농산물은 없어서는 안 될 귀중품이다. 첨단과학 또한 현재나 후대에 필요한 학문이다. 최근 연구동향이나 투자 부분을 보면 순수과학보다는 첨단과학기술분야에 지나치리만큼 치우쳐 있는 것을 볼 수 있다. 이러한 추세다 보니 자라나는 청소년이나 연구자들은 순수과학을 등한시하는 경향이 있다. 기초과학(基礎科學, Fundamental science

또는 Basic science)은 공학이나 응용과학과는 달리 영리 활동을 목적에 두지 않고, 순수한 지적 호기심에서 나오는 진리 탐구 자체를 목적으로 하는 순수과학(純粹科學, Pure science)이니만큼 연구자의 뚝심이 필요로 하는 학문이다.

국제과학기술 콘퍼런스에서는 '삶의 질 향상을 위한 과학기술의 역할'이란 주제발표가 있었다. 노벨화학상 수상자인 앨런 맥디아미드 미국 펜실베이니아대 교수는 과학기술의 발전은 사람에게 의존하고 있다고 했다. 즉 '과학은 사람Science is People'이란 말과 일맥상통한다. 첨단과학이 중요한 만큼 기초과학에 대한 투자도 소홀히 해서는 안 될 것이다. 우리가 건강하게 살아가기 위해서는 기초과학이 바탕이 되어야 한다는 것을 명심해야 한다.

당신도 남들처럼 즐겨라 1

"이게 무슨 고생이람. 좋아서 하는 일이라면 혼자서 할 일이지. 왜, 미국까지 와서 옆에 있는 사람 피곤하게 하느냐고요."

옥수수 꽃이 눈을 비비는 시간, 새벽부터 부부는 옥신각신한다. 한참 잠들어 있을 시간 남자는 필드에 나가야 한다며 여자에게 빨리 일어나라고 성화다. 같은 시간, 남들은 모자에서 신발까지 갖추고 선글라스를 끼고 필드에 나가는데, 이 남자는 시골 아줌마들이 덮어쓰는 작업 모자에 흙투성이 신발을 신고 나간다.

스물여섯 가정이 비지팅 Visiting Scholar으로 이곳 NC에 와 생활한다. 다들 정신없이 살기는 마찬가지다. 남편과 아이를 학교에 보내놓고 부인들은 주 정부에서 실시하고 있는 ESL 과정을 듣는다.

반班은 다르지만 쉬는 시간과 점심시간에는 한자리에 모여 앉아 싸온 음식을 먹으며 담소를 나눈다. 남편과 아이들로 인해 하루에 쓸 에너지를 소진해 버려 멍하니 앉아있는 나에게 어디 아프냐고 친구가 묻는다. 사연을 얘기하자 당신네 남편들은 잔소리 들을까 봐 아침 일찍 살그머니 공치러 나간다고 한다.

안식년과 연구년으로 온 사람 중에는 연구보다는 적당히 쉬다 가려는 사람들이 가끔 눈에 띈다. 직장이나 사회에서 다년간 스트레스에 시달렸을 이들에게 선진국의 문화를 접하게 하는 것은 재생산의 목적이 클 것이다. 글로벌 시대, 미국의 과학과 기술, 학문 등을 익혀 차세대 인재 육성의 발판을 마련하기 위함이 아닐까?

이곳에 보내진 취지는 다양하겠지만, 언어 소통이라는 기준으로 보면 여러 부류의 사람들이 있다. 의사소통에 큰 어려움 없이 열심히 연구하는 사람, 언어의 어려움은 없으나 연구보다는 즐기려고 하는 사람, 연구하고 싶어도 언어가 소통되지 않아 연구할 수 없는 사람 등이 있다. 그들은 당신네 나름대로 직책이 있다 보니 자존심에 금이 가는 일은 피하려고 한다.

외국 경험이 처음인 사람들은 국내에서 소위 피 터지게 공부해 수많은 경쟁자를 물리치고 그 자리를 지키고 있는 사람들이다.

해외에서 학위를 받은 사람이나 경험이 있는 사람들은 이곳 환경에 잘 적응하지만, 해외에서 연구 경험이 없는 분들은 매우 힘들어한다.

일부의 사람들은 연구실보다는 미국의 여행지나 골프장을 배회한다. 경제적으로 뒷받침되는 분들은 함께 어울려 취미활동이라도 하지만, 그렇지 못한 사람은 한두 번 따라다니다 그마저 그만두게 된다.

쉬어야 할 시간에도 연구에 전력투구하는 사람들은 나름대로 국내외에서 인정받는 사람들이다. 그 자리에 서기까지 본업에 충실하며 많은 고독과 싸웠을 것이다.

그들은 대개 법조인, 정치인, 언론인, 교수, 의사, 대기업 간부들로서 이곳에서 일 년 정도 머물다 귀국한다. 부러울 게 없을 것 같은 그들에게도 가족 간의 갈등은 일반 가정과 다를 바 없다.

당신도 남들처럼 즐겨라 2

　요즘은 한국 내에서도 쓸쓸히 지내는 은퇴남과 가장의 외로움이 자주 거론된다. 미국과 문화적인 차이도 있겠지만, 우리나라 사회구조가 얼마나 위태로운가를 알 수 있다. 가정은 사회적 최소단위이다. 가정이 바로 서야 사회가 바로 선다는 자명한 사실. 가정과 가족이 얼마나 소중한 단위인가를 미국에 와서 새삼 느낀다.
　집에서 잠자는 시간 외에 가족 모두 같이 있는 시간이 드물었던 우리. 아침저녁 한자리에 모여 앉아 식사하면서부터 우리는 혼란스러워지기 시작했다. 아니 우리 가족뿐만 아니라 한국에서 온 지 얼마 되지 않은 한국가정은 다들 같은 입장이다. 가장은 직장생활로, 아이는 학교생활로 정신없이 살아가는 한국의 가정. 직장에 있어야 할 남편과 학교나 학원에 있어야 할 아이가 오후부터 함께 지내게 되자 다들 불만의 소리가 잦다. 장점보다는 단점이 먼저 보이는 법. 숨 가쁘게 살아가는 한국 사회에서 모르고 지내던 가족의 단점이 속속히 드러나고 있다.
　자연환경이 좋아 살기 좋은 나라 미국, 가족이 화합해 나가지 않으면 창살 없는 감옥과 같다. 나 스스로 헤쳐나가지 않으면 발이 묶이는 곳이다. 차 한 대로 움직이는 우리 가족도 내가 운전하지 않으면 꼼짝달싹 못하고 집에 갇혀 있어야만 한다. 대도시 중심가가 아니면 대중교통을 이용하기가 힘들다. 아이들은 그렇다 하더라도 운전 못 하는 남편 때문에 운전사로 하루를 보내는 나는 아주 곤욕이다. 일복이 많은 사람이 옆에 떡 버티고 있으니 옆 사람이 피곤하다.

nc 한국인뉴스

NC hankookinNews-KoreanCommunityNews

경제 어려움속에
N.C. 문서 위조 사기 크게 번져

한국 생명공학 연구팀 트라이앵글 방문

—nc한국인뉴스 인사—

인턴기자: 신주영
(JuYoung Shin)
2011년 8월 1일부.

옥수수 꽃이 절정인 여름, 남들은 여행 계획을 세우며 신이 나 있다. 무더위가 기승을 부리는 요즘 옥수수 교잡하러 공휴일 없이 새벽을 깨우며 나가는 남편의 뒷모습을 바라보니 참 묘한 기분이 든다. 옥수수는 오뉴월 햇볕이 강한 아침 10시에서 오후 3시까지가 교잡하기에 가장 좋은 조건이다. 집에서 필드까지는 3시간이 걸린다.

농장에 나갈 때 연구소 직원이 데리러 오지만 출장 갔을 때는 내가 새벽에 데려다 주고 온 후 아이들을 학교에 보내야만 한다. 비지팅으로 오면 다들 적당히 일하다 귀국하는데 하지 않아도 되는 일까지 굳이 찾아다니며 하는 남편이 밉다.

금요일 저녁 한인과학자 모임에 동행하는 길이다. 이곳은 트라이앵글 리서치 파크가 자리하고 있어 세계적인 과학자들이 많이 근무하고 있다. 한국인 과학자들이 리더하고 있는 연구소도 여럿 있다. 일 년에 두세 번 미 동부 한인과학자 모임이 이곳에서 열린다.

오늘도 남편 덕분에 특별 손님으로 참석했다. 뽀얀 피부와 깔끔한 외모에서 그들의 직업을 가늠할 수 있었다. 그들 중에 눈부시게 띄는 한 사람이 있다. 그는 다름 아닌 나의 남편. 그는 매일같이 SPF 70이나 되는 자외선 차단제를 바르고 필드에 나간다. 강렬한 햇빛을 받아 동남아인 피부색이 됐다. 선크림을 바르지 않은 목 부분은 햇볕에 탄 자국이 얼룩져 있다. 따라나설 때부터 털털한 그의 성격과 외모에 묘한 기분이었지만 많은 사람 틈에 도드라지게 띄는 그를 보니 알 수 없는 그 무엇이 찡하게 울리고 간다.

돌아서 오는 길 아무 말이 없자 언제나 당당한 그가 "당신 나 같은 놈 만나 살 사람이 아닌데 나 만나 고생이 많다"며 내 눈치를 본다. "당신에겐 미안하지만 난 내가 건강히 일할 수 있는 한 학자로서 최선을 다하고 싶다"며 힘주어 말하는 그. "그래 당신은 내가 가장 존경하는 인물은 될 수 있지만 내가 바라는 남편은 아니야. 일도 좋지만, 적당히 즐기며 살면 안 될까?" "왜, 하나님은 주일과 안식년을 지키라 하였을까?" 동행자와 동반자, 바라보는 것과 함께하는 관계는 참 알다가도 모르겠다. 무엇을 위해 저렇게 열심히 살고 있는지, 알 수 없는 남자의 얼굴이 스칠 때마다 내 마음 한구석에 싸한 바람이 인다.

미국의 교통경찰 1

교통위반 벌금과 병원비는 참 아깝다. 미국에 살면서 제일 아까운 것이 이 두 가지이다. 이곳에 사는 한국인들은 병원비 때문에 '앓느니 죽지'라는 말을 뼈저리게 느끼며 산다. 병원 얘기는 다음에 하고 오늘은 미국에서 교통위반을 했을 때 한국인들이 당황하기 쉬운 몇몇 사례를 들려주려고 한다.

이곳에서 운전하다 보면 어떤 차가 승용차이고 어떤 차가 경찰차인지 종종 분간할 수 없을 때가 있다. 물론 우리나라 경찰차처럼 police라고 쓰여 있고 점멸등이 달린 경찰차도 있지만, 일반 승용차로 둔갑한 위장경찰차 undercover police car, ghost car도 있다.

같이 달리던 승용차가 갑자기 앞뒤 창가로 번쩍이는 네온사인과 경고음을 앵앵 울리며 지나간다면 아마도 졸도하기 직전일 것이다. 특히 사고가 잦은 롤리NCSU로 가는 40번 고속도로인 댄 K 프리웨이와 웨이드 애비뉴가 만나는 길목에서 위장한 경찰차가 자주 등장한다.

또 NCSUNorth Carolina State University 인근에는 위장경찰차가 수시로 이 골목 저 골목 누비고 다닌다. 미국은 한국과 달리 블록마다 신호등이 없더라도 일시 정지란 표시가 있다. 블록을 통과할 때는 반드시 일시 정지했다 가야 한다.

딸과 NCSU에서 웨이드 애비뉴 도로로 가기 위해 커브에서 멈출까말까 주춤주춤하다가 '에이 모르겠다'하고 코너를 돌았다. 코너를 도는 순간 철렁, '아니 저게 뭐야' 경찰차가 커브를 도는 길 뒤에서 네온사인을 번쩍이고 있지 않은가. 나는 커브를 도는 순간 코너에서 얼음이 되고 말았다.

미국에서 운전면허 공부할 때 사이렌이 울리는 경찰차가 가까이 오면 무조건 우측차선으로 피했다 지나갈 때까지 기다려야 한다고 배웠다. 나는 친절하게도 미국방식대로 우측차선 가장자리에 멈춰 운전석 창문을 반쯤 내리고, 왼손은 운전석 창가에 오른손은 운전대 위에 올려놓고, 경찰이 오기 전까지 기다렸다.

경찰이 다가와서는 "당신 왜 여기 섰느냐"라고 묻는다. 나는 "경찰차를 보는 순간 지레 겁을 먹고 섰다"고 했다. 그랬더니 이상한 듯 조금 전에 한 말을 다시 묻는다. 전과 같이 대답하자 그럼 운전면허증과 차량등록증을 달란다. 확인해 볼 게 있다며 경찰은 신분증을 가지고 경찰차로 갔다. 한참 후에 오더니 다음에 걸리면 벌금과 벌점이 있으니 조심하라며 근엄하게 말하고 갔다.

오늘 있었던 이야기를 인근에 사는 모 교수에게 했더니 본인은 속도위반으로 법정에 출두해야 한다며 운전 조심하라고 신신당부한다. 그 집은 자동차 한 대로 다섯 식구가 이용한다.

이곳에서 승용차 한 대를 온 가족이 이용한다는 건 상상하기 힘들다. 러시아워에는 총알처럼 날아다녀야 한다는 얘기다. 모 교수는 이른 시간 아들을 데려다 주고 딸을 데리러 집으로 가는 도중에 과속 딱지를 떼었단다. 평소대로 운전하고 가는데 어디서 경찰차가 귀신같이 나타나 윙윙거리며 서라는 신호를 보내더라는 것이다.

내용은 25마일 제한속도에서 40마일 달렸다며 벌금fine 30달러와 법원비용court cost 188달러, 합이 218달러가 적힌 청구서를 받았단다. 또 어떤 이는 35마일에서 54마일로 달리다 벌금 50불과 법정 비용 130불이 청구됐다며 고민한다.

미국은 한국과 달리 행정구역County에 따라 속도 15마일을 초과할 경우 법정 출두를 의무화한 곳도 있다. 일단 벌금 청구서가 날아오면 법정에 출두하라는 명령이 있는지 확인하고 변호사를 고용해시 해결하는 방법과 벌금을 내는 방법, 본인이 직접 법정에 나가 변호하는 방법 등이 있다.

처음 불법 딱지를 받았을 경우는 위반한 속도의 숫자를 낮춰 주거나, 벌점을 무마해 주기도 한다. 두 번째부터는 에누리 없이 교통법규대로 실행된다.

미국의 교통경찰 2

비지팅으로 와 생활하는 사람 중에 의외로 교통위반으로 고민하는 사람들이 많다. 대부분 교통위반은 속도나 신호, 주차위반, 스쿨존(학교지역)에서 많이 걸린다. 벌칙도 다양하다. 우리는 무슨 대단한 에피소드인양 누가 경험담을 얘기할 때는 귀를 쫑긋 세워 경청한다. 가장 애로사항은 언어의 장벽이다. 생전 듣지도 못한 어휘가 나오면 무조건 "Yes"라고 답한다. 시간이 지나 생각하면 다들 배꼽을 잡고 웃을 일이다.

지인 하나가 범칙금을 내는 안전교육을 받으면 벌금 면제 또는 벌금에 따른 인상된 보험금에서 3년간 10% 할인해 준다는 말에 법원에 편지를 썼다. 벌칙으로 안전교육 8시간 받고 벌금 60불을 냈다. 또 어떤 이는 15마일 이상 티켓을 받아 법정에 출두해 10마일 미만으로 낮추고 벌금 140불을 내고 마무리했다.

모 교수의 경우 이들의 이야기를 참고로 해서 미국의 법정도 구경할 겸 벌점과 벌금을 좀 내려 볼 의향으로 속도위반 청구서를 받은 지 한 달되던 날 법정에 출두했다. 접수하니 지방 변호사district attorney가 나와 청구서대로 벌금을 낼 것인지, 안전교육을 받고 그 법을 따를 것인지를 선택하고 만약 이의가 있으면 검사를 만날 수 있다고 했단다. 그는 검사를 만났고 검사는 과속하게 된 동기와 그때 무슨 일이 있었느냐고 물었다는 것이다.

얘기를 듣고 나서는 벌금 5불 할인과 벌점은 없는 것으로 해줘서 "Thank you"하며 씁쓸히 법정을 나왔단다. 그는 법정에 직접 가 진술하면 벌금을 없애주거나 깎아준다는 말에 기대하고 갔다가 겨우 5불 할인이라 실망한 표정이었다. 사실 미국 경찰은 동양 여인들에게 후하다는 뒷얘기가 있다. 그는 치마라도 입고 갈 걸 하며 너털웃음으로 마무리 지었다.

또 다른 사례는 집 앞에 세워둔 차에 노란 봉투가 꽂혀 있어 자세히 보니 'notice of parking citation'이라 쓰여 있더란다. citation하면 논문 쓸 때 인용하는 것으로만 알고 있었는데, 소환(장)이란 뜻도 있다는 걸 알고 전화를 해보니 차가 주행하는 방향이 아니라 반대방향으로 주차되어 주차위반이란다. 그 일이 있고 나서 주위를 둘러보니 'parking a car in opposite direction with traffic is violation.' 이라고 씌어 있고 자기만이 그렇게 세워놓았다는 것이다. 하는 수 없이 눈물을 머금고 벌금 50달러를 냈단다.

또 다른 사연은 위와는 상황이 다르나 한국인이 미국을 여행할 때 알아두면 좋다.

새로 산 차로 기분도 낼 겸 가족들이랑 여행하던 중 호텔에서 나와 자동차로 갔더니 조수석 창문이 깨져 있고 부착해 놓은 GPS가 없어졌다는 것이다. 호텔 지배인을 찾아가 "호텔파킹랏에 주차를 했는데 이런 일이 있으니 어떡하면 좋겠냐"라고 물었더니 지배인은 "우리 호텔에서는 책임질 일이 아니다"라고 정중히 거절하더란다. 만약 이때 "I'm sorry"라고 말하면 호텔 측에서 책임을 져야하기 때문에 그 말조차도 하지 않더라며 하소연한다. 미국에서 이런 일은 비일비재하니 미국이 어떤 나라인지는 짐작이 갈 것이다. GPS도 호텔로 모셔야 하는 나라이니 사전에 조심하는 것이 상책일 것이다.

이 뿐만 아니라 흑인이나 갱gang이 많이 사는 동네를 지나갈 때는 특히 주의해야 한다. 신호를 받기 위해 교차로에서 신호를 기다리는 동안 갱들이 다가와 타이어를 교체하라고 하는 경우가 종종 있다. 그때는 아무 말 없이 몇 십 불을 주고 가야지 필요 없다고 잘못 말했다가는 큰코다친다. 그 사이에 송곳이나 날카로운 도구로 펑크를 내거나 심하면 총살까지 이어진다고 하니 반드시 조심해야 한다.

미국에서는 과속티켓이 큰 비즈니스란다. 티켓으로 경찰서 관리유지비, 변호사 사무실 생계유지비, 지역관청관리비, 법정관리비 등 3~4개 기관이 티켓을 갖고 나눠먹기식으로 운영된다고 한다.

특히 관광지 등은 별다른 수입이 없어서 처음 오는 관광객이 스피드에 잘 걸리는 곳에 경찰차가 진을 치고 있다고 한다. 지역경제발전을 위해서 미국에서도 할 수 없다고 하며 미국인들도 고개를 흔든다.

언어가 제대로 소통되지 않는 곳에서는 그 지역의 규칙을 사전에 알아보고 조심하는 수밖에 없다. 로마에 가면 로마법을 따라야 한다는 말씀이다.

4부

I talk, 나는 말하고 싶다

'I talk', 'want to'가 빠진 I talk는 얼핏 보기에 호소력이 없어 보인다. 그저 일상으로 전달하려는 표현 같아 상대는 귀를 크게 열지 않을 것 같다. 하지만 예외가 있다. I talk이라는 짧은 문장 속에 지구를 무제한으로 돌며 소통케 하는 통신사가 있다면 믿겠는가. 저렴한 가격에 통화가 무제한이라니 나 같은 평민에게 얼마나 기쁘고 반가운 일이랴.

이런 통신사가 우리나라가 아니라 미국에 있다. 웬 뚱딴지같이 I talk 타령이냐고 의아해 할 수 있겠지만, 요즘 같이 손가락 터치 하나로 문제가 해결되는 세상에 어쩌면 유선으로 된 음성통화로 마지막 소통일지도 모른다는 생각에서다. '쉐어링'이 강조되는 시대에 나로서는 세상에 소문을 내지 않을 수 없다. 오죽했으면 내가 우리 한국인들에게 한국 통신사들의 횡포에 제대로 대응했으면 하는 바람으로 글을 쓰겠는가.

이 통신사는 재미교포가 운영하는 회사이다. 내 돈 내고 내가 쓰는 전화지만 정말 고맙다고 꾸벅 절하고 싶다. 한국에 있는 친구나 지인들은 내가 엄청나게 돈이 많아 전화를 자주 하는 줄 알았을 것이다. 그것도 미국에서 한 시간 이상 수화기를 잡고도 "괜찮아, 너는 전화하지 마. 내가 내일 또 할게" 했으니 말이다. 가난한 내가 전화로 인심을 쓰는 데는 다 이유가 있다.

우리 가족은 비지팅으로 미국에 가서 지인의 도움으로 별 어려움 없이 생활했다. 당시 우리는 집을 렌트해 살고 있었는데, 집 주인은 중국인이었다. 마음씨 좋은 중국인은 주인 명의로 전기와 가스를 열어놓았다. 미국에서 합법적으로 생활하려면 절차가 복잡해서 시간이 꽤 오래 걸린다. 먼저 입국 신고를 한 다음 확인서류와 여권을 가지고 은행에 가서 은행계좌를 열어야 한다. 은행 통장과 체류에 관한 서류가 없으면 어떤 계약도 불가능하다.

 현대인에게 인터넷과 전화는 없어서는 안 될 필수품이 아닌가. 미국도 한국과 마찬가지로 인터넷과 TV, 전화를 하나로 묶어 사용하는 서비스와 각각 다른 회사를 이용하는 서비스가 있다. 인터넷은 옵션에 따라 가격 차이가 난다. 우리는 가장 저렴한 가격의 기본 옵션을 가장 빠른 방법으로 TV와 인터넷에 가입했는데도 한 달이 걸렸다. 전화기는 타인의 얘기를 들어본 다음 결정하기로 했다. 유선방송 설치 후 아이들은 볼 수 있는 채널이 몇 개 안 되니 불만이고, 인터넷은 속도가 느려 애간장을 끓였다.

 요즘 어디를 가나 핸드폰은 애, 어른 할 것 없이 필수품이다. 하지만 우리는 5인 가족이라 가계를 생각해 한국에서 말하는 대포폰하고는 좀 다르지만, 일명 대포폰 두 대와 집 전화를 놨다. 흔히 말하는 대포폰은 마트나 핸드폰 가게에서 일정액의 충전카드를 사서 핸드폰에 입력해서 쓰면 된다. 우리는 그날그날 우선순위를 정해 놓고 번갈아 가며 핸드폰을 들고 다녔다.

 몇몇 한국인은 한국에서 사용하던 070 인터넷 전화기를 가지고 와 연결해 쓰고 있었다. 가끔 한국에서 로밍해 오는 사람이 있는데 미국 현지에서 사용하면 1분당 1,100원, 한국에는 2,200원, 수신 1분당 1,214원이어서 요금이 만만치 않다. 또한, 번호가 한국 번호여서 미국 현지인과 통화하자면 국제전화 요금을 내야 하니 비경제적이다. 재미있는 일은 미국은 전화를 거는 사람이나 받는 사람 모두 전화비를 부담한다. 대신 저녁 아홉 시에서 아침 여덟 시까지는 심야 통화료를 적용해 무료다.

우리가 사용한 I talk 통신사는 전 세계 어디에나 전화나 핸드폰을 무제한으로 사용할 수 있다. 그것도 한 달에 $34로 말이다. 미국에서 생활할 계획이 있는 한국인이라면 정말 강하게 추천하고 싶다.

미국에 오기 전 우리는 한국에서 쓰던 통신은 모두 끊고 왔다. 인터넷이 남편 명의로 되어 있어 본인 동의가 없으면 해지가 안 된다고 해서 남편과 통신사가 직접 통화하기까지는 꽤 여러 날 걸렸다. 우리가 떠나자 우리 집에는 동생이 쓰던 통신수단을 이동 설치해 사용하고 있었다. 한국에 방문해 통장 정리하는 데 통신비가 다달이 빠져나간 것이 아닌가. 통신사에 전화해 알아보니 인터넷을 해지한 것이 아니라 인터넷 전화기만 해지했다는 것이다. 같은 회사 인터넷이 한 집에 두 대 설치되어 통신비가 빠져나갔다. 분명 인터넷과 인터넷 전화를 해지했는데 인터넷만 유지 상태라니 참 황당했다. 가입은 본인이 아니어도 간단하나 해지는 어찌나 까다로운지. 통신사의 장난은 이뿐만 아니다.

한국에 돌아와 나는 통신사를 바꿨다. 며칠 후 설치한 회사에서 요금은 기존 상태로 최신 스마트 전화기와 무료통화 200분을 준다고 해서 그렇게 하라고 했다. 다음 날 인터넷 전화가 불통이었다. 인터넷 회사에 고장 신고를 하니 어제까지 쓰던 집 전화번호가 2년 전에 타인 명의로 되어 있다가 지금은 정지 상태란다. 며칠간 매일 수십 통의 문의전화를 걸 때마다 자기네 소관이 아니라며 다른 부서로 연락하란다. 확인한 결과 대리점에서 실적을 올리기 위해 자기네 임의대로 전화번호를 바꿔놓고 설치하려다 들통이 난 것이다.

IT강국이라는 대한민국의 통신사의 횡포에 대해 짚고 넘어가야

겠다. 다른 나라 통신서비스보다 질이 떨어지고 통화료도 턱없이 비싸다. 10여 년 전 일본에 있을 때만 하더라도 가족플랜이라고 해서 900엔, 우리 돈으로 만 원 정도만 내면 집 전화와 핸드폰 두 대는 무제한 통화가 가능했다.

내가 경험한 것 외에도 또 다른 이유로 피해를 본 사람들이 많을 것이다. 그들과 시비를 가리기엔 시간적, 정신적 고충이 너무 커서 이의제기하는 것이 어쩌면 정신 건강에 낫겠다 싶어 포기한다. 분명 통신사의 잘못이 확연한데도 책임을 피하려는 안일한 대처에 개탄한다. 통신사는 회사 이익과 회원 모집에만 혈안이 될 게 아니라 직원들 교육과 소비자를 위한 진정한 기업정신에 박차를 가했으면 좋겠다.

미국인들이 업무 처리를 하는 데 있어 한국인이 보기에 절차상 융통성이 없어 보여 다소 답답하다고 느낄 수 있다. 하지만 한국처럼 억울하게 당하는 일은 없다. 소비자를 속이거나 우롱하는 일은 있을 수 없는 일이다. 이런 일이 한국에는 다반사니, 한국인들을 더 이상 우롱하지 않았으면 하는 바람으로 쓴소리를 내어본다.

RTP B&B 모임을 다녀오며

 초록그늘이 깊어가는 7월 초, RTP B&BResearch Triangle Park Bioscience and Biotechnology 모임에 참석 했다. 모임의 구성원들이 주로 노스캐롤나이나주에서 공부를 하고 있는 대학원생과 연구원들이라면 우리 부부는 이 모임에 손님인 셈이다. 이 모임이 생소한 만큼 호기심 또한 컸다.
 우리 가족은 남편이 NC State University에 교환교수로 오게 되어 올 2월 말 이곳에 왔다. 어디를 가나 일벌레인 남편은 요즘 휴일도 없이 옥수수 육종을 위해 아침 6시에 Field에 나간다. 강한 직사광선으로 인해 동남아인 피부 빛이 된 남편에게 불만조로 "시골 농사꾼 같은 얼굴로 사람을 만나면 부끄럽지 않냐"고 했더니 그는 나의 말을 먼지 털듯 대수롭지 않게 넘긴다. 검게 그을린 얼굴을 훈장처럼 달고서는 이 모임에 꼭 참석해야 한다나. 늘 그의 성실함에 못 이겨 양보하게 되는 나는 무슨 모임인가 궁금하여 따라 나섰다.
 행사장에 도착하여 일정표를 보니 친절하게도 저녁식사를 한 다음 세미나를 시작하는 것으로 되어있다. 속으로 모임을 주최하신 분은 '뭘 아시는 분이구나'하는 생각이 들었다. 금강산도 식후경이라 한국 사람들은 무슨 일을 하든지 배가 불러야 부드럽게 잘 넘어간다. 식단은 한국식으로 군침이 넘어가도록 맛깔난 음식이 준비됐다. 다들 오랜만에 한국음식을 먹고 만족한 표정으로 회의장으로 발길을 옮겼다.
 오늘 세미나의 주제는 「한국 생명공학 현황 및 정부 육성 정책」과

「RTP 형성 배경 및 지리적 여건, RTP B&B의 활동」이다.

먼저 한국생명공학 정책연구센터장이신 현병환 박사님이 한국 생명공학의 현황과 현 정부의 육성 정책에 대해 설명하였다. 이곳에서 연구원으로 있는 참석자들은 한국의 생명공학 현황 정보를 하나라도 놓칠세라 눈과 귀를 키우며 집중하는데 그 모습이 자못 진지했다. 이어서 RTP B&B의 회장이신 김용호 박사님이 이 모임이 형성된 동기와 비전, 향후 이곳에서 공부하고 있는 연구자들을 위한 지원 등에 대해 말씀하셨다. 작게는 회원 간의 친목도모에서 크게는 한국뿐만 아니라 세계와의 네트워크를 구축, 후대 과학자들을 위한 세심한 배려까지 기울이고 있는 것과 이 모임에 여성연구원들이 많은 것이 인상적이었다.

RTP B&B 모임은 매년 두세 번 연구 발표와 토론의 시간을 가지며 정보를 교환한다. 이곳은 Duke University, University of North Carolina, NC State University가 트라이앵글을 이루고 있고 그 안에 Research Park가 자리하고 있어 연구하기에 더 할 나위 없이 좋은 조건을 갖추고 있다. 그러므로 이곳에서 연구하고 있는 사람들은 거의 세계수준의 과학자라고 해도 과언이 아니다. 평상시 이쪽 분야에 문외한인 나는 오늘 여기에 와서 많은 것을 느꼈다. 낯설고 물선 타국에까지 와 최선을 다하며 한국인의 기상을 높이고 있는 RTP B&B 회원들을 보면서 머지않아 21세기의 과학은 이들에 의해 한 걸음 더 발전되지 않을까하는 기대가 컸다.

세미나를 마치고 돌아오는 길, 누가 보냈는지 삽상한 초록바람이 트라이앵글을 그리며 지나간다

미국의 선거바람은

4월, 봄바람이 선거바람에 뒤질세라 기승을 부린다.

올해는 선거바람으로 지구가 술렁이는 해라고 해도 과언은 아니다. 1월의 대만 총통선거와 핀란드 대통령선거를 비롯하여 12월에는 한국의 대통령선거까지 세계 29개국에서 선거가 치러진다. 우리나라도 4월 11일, 19대 국회의원 선거와 12월 19일 18대 대통령선거가 있다.

지난 4월 11일 치러진 제19대 국회의원 선거가 재외선거제도 적용이 최초의 실행되는 해이다. 이번 선거가 국외 교민들에게 첫 투표권을 행사하는 선거이니만큼 교민들뿐만 아니라 다른 나라의 이목 또한 클 것이다. 남의 나라 일처럼 구경만 하던 투표를 미국 내에서도 할 수 있으니 투표도 글로벌시대를 맞이한 것이다.

이곳 사람들은 이번 선거를 통해 우리나라 선거를 비롯하여 대리인투표제도를 실시하고 있는 네덜란드 선거까지 폭넓은 이야기를 주고받는다.

처음으로 실행하는 선거를 대비하여 재외선거인 등록신청이 지난해 11월 13일에 시작하여 올 2월 11일에 마감되었다. 이색적인 풍경에 관심이 많은 나는 작년에 있었던 미국 시의원 선거에 대한 이야기를 할까 한다.

시의원 투표가 있던 날, 현장을 둘러보고 오늘이 선거 날이라는 것을 알았다. 미국은 한국과 달리 교회와 도서관이 많다. 주정부에서 실시하는 프로그램은 교육을 비롯하여 선거 투표는 물론 웬만한 행사는 대개 교회에서 이루어진다.

이 날도 외국인을 위한 수업ESL Class에서 미국의 투표가 어떻게 진행되는가 알아보기 위해 현장 답사를 했다. 미국은 한국과 달리 만 18세 이상 시민권자에게 투표권이 부여된다. 하지만 유권자라 하더라도 유권자등록을 하여야만 투표를 할 수 있다. 그래서 그런지 생각보다 투표율이 저조하다고 한다.

뒤늦게 안 사실이지만 어느 날부터 차량이 빈번한 교차로와 도롯가에 가로세로 70×50cm 정도 크기의 간판이 세워졌다. 이름과 전화번호만 적혀 있어 부동산업자가 땅을 팔기 위해 세워둔 간판인 줄 알았던 것이 후보자를 알리는 유일한 포스터였단다.

선거가 있는 날까지 후보자를 알리는 확성기 소리도, 거리의 퍼레이드도, 펄럭이는 현수막도 보지 못했다. 단지 선거 당일 투표장을 알리는 안내자 몇 사람이 골목에 서 있었고, 특정 정당후보 도우미 대여섯 명이 띠를 두르고 선거장 입구에서 친절한 미소로 인사하고 있었을 뿐이다. 한국 같으면 선거가 있기 몇 달 전부터 후보자들을 알리기 위한 현수막과 명함이 행인의 눈과 손을 마구잡이로 앗아갔을 것이다.

이뿐인가? 교차로마다 후보자를 포함해 특정 정당의 도우미들이 빨강, 노랑, 파랑 옷을 입고 음악에 맞춰 질주하는 차량을 향해 절도 있는 인사와 퍼포먼스로 지나는 이들의 시선을 얼마나 멈추게 했을까. 평상시 타인이었던 사람도 선거 때만 되면 아주 다정한 친구요, 정겨운 이웃으로 다가 와 있다. 몸을 사리지 않고 구석구석 찾아다니며 전력투구하고 있는 모습에 유권자의 한 사람으로 특정후보에게 한 표만 행사해야 하는 마음을 되레 송구스럽게 만든다.

유권자의 소중한 한 표가 본국의 정치, 경제뿐만 아니라 세계의 안녕과 평화를 좌우하기도 한다. 밤낮 신발이 다 닳도록 뛰어다니는 후보자들의 심정을 읽는다면 선거권을 폐지로 취급하지는 못할 것이다. 후보자 또한 정성어린 유권자의 한 표에 대한 기대를 저버려서는 안 된다.

   이제 우리는 변했다. 70년대, 밥 세 번 얻어먹고 그 후보자의 이름 밑에 도장 두 번 찍고 나와 못내 아쉬웠다던 할머니의 투표시대는 지났다. 재외선거권까지 적용된 지금, 상대방 후보를 비방하거나 헐뜯을 게 아니라 상대의 약점까지도 보듬어 가며 도약하는 우리의 정치문화가 거듭나기를 희망해 본다.

서울서 찾던 김 서방, 미국서 만나다

아침 햇살이 퍼진 시간 벨이 울린다. 문을 열고 나가보니 가까이 사는 한국사람 몇몇이 찾아와 어려운 점이 없느냐 묻는다. 당장 급한 것이 생필품이라 그들의 손과 발을 빌려 쇼핑을 했다. 내가 사는 곳이 대도시 중심가가 아니다 보니 교통수단이 마땅치 않다. 시내 중심지에 타운 버스가 있다고는 하나 우리가 사는 곳까지 오지 않는다. 땅덩어리가 워낙 넓다 보니 그렇다 치더라도 가까운 곳에 가는 것도 자가용 없이는 움직일 수가 없다.

우선 급한 게 자동차라 한국인이 경영하는 자동차 중고매매상을 찾았다.

통화할 때 가까이 있다고 해서 쉽게 생각하고 갔더니 거리가 만만치 않았다. 고속도로를 이용했는데도 40분이나 걸렸다. 사무실 바깥에는 백여 대의 중고차들이 서 있고 사무실에는 한국인 3명과 외국인 3명이 있었다. 직원 몇은 자동차를 사러 온 사람들과 이야기를 나누고 있었다. 우리가 들어가니 한국인 직원 한 사람이 반갑게 맞이한다. 이렇게 먼 거린데 뭐가 가까우냐고 했더니 이 정도 거리는 거리도 아니란다. 한참 얘기하며 둘러보고 있는데 어떤 한국인이 자동차를 보러 왔다.

그 사람들은 2시간 40분이나 운전을 해서 왔단다. 우리는 한국식으로 초면 인사를 했다. 로비에 앉아 이런 저런 얘기를 하다 보니 우리 가족과 마찬가지로 방문교수로 온 가족이다. 서울 H병원에 근무하고 있는 의사부부다. H병원 하니 가까운 친척은 아니지만 잘 아는 분이 그 병원에 근무하고 있다는 것이 떠올랐다. 누구 아느냐고 했더니 옆에 앉아 있던 부인이 자기가 존경하는 지도교수란다.

　세상에! 한국에서도 그냥 스쳐 지나칠 사람을 이곳 미국 땅에서 만나다니. 우리는 "세상 참 좁다"는 말을 실감했다. 문명의 발달로 우리의 활동 범위가 넓어짐과 동시에 개인의 노출도 그 만큼 커졌다. 서울에서도 못 찾던 김 서방을 미국에서 만난 격이다. 마침 아이들 학교 입학관계로 예방접종증명서가 큰 고민이었는데 그분들이 해결해 주었다.

　얼마 전 RTPResearch Triangle Park 한인 생명과학자 모임에 참석했었다. 연구발표가 끝난 후 열린 간담회에서 재미한인과학자의 경험담을 듣는 시간이 있었다. 원로과학자 한 분이 처음 미국에 유학 올 때 화물선을 타고 3개월씩 걸렸다며 그 당시 상황을 실감 나게 들려주었다. 그때는 한국 사람을 만나기가 힘들었다 한다. 지금으로 부터 4~50년 전 일이다.

　어느 나라를 가든 요즘은 하루 이틀이면 도착한다. 글로벌 시대에 살고 있는 우리는 마음만 먹으면 외국을 이웃 드나들 듯 한다. 이곳 슈퍼에 갈 때마다 한국인 두서너 가정은 흔히 만난다. 10여 년 전 내가 캐나다에 살았을 때 한국 사람을 만나면 반가워서 어쩔 줄 몰라 했던 때와는 달리 지금은 속으로 '저 사람 한국인이네'하며 그냥 지나친다. 상대방도 마찬가지다. 한국에서 사돈의 팔촌까지 따지다 보면 우리는 다들 얽히고설켜 있는 관계라고 흔히 말한다. 허나 친척이나 지인이 아니면 타인으로 생각했던 내 마음에 실바람 한 웅큼 얹히는 시간, 한없이 넓고 커보이던 지구가 농구공처럼 느껴지는 날이다.

아메리칸 드림

 지인의 전화를 받고 약속 장소로 나가는 길이다. 한국 할머니 한 분이 이사하니 좀 도와 달라는 부탁이었다. 계절에 걸맞게 비가 내린다. 이곳 아파트는 고층 건물이 없다. 있다고 해도 3층 미만이다. 타운에 있는 아파트로 이사한다고 해서 기대하고 갔다. 한 동에 열 가구가 거주하는 2층짜리 아파트이다. 이런 아파트가 몇 동 어우러져 있다. 넓게 퍼져 있는 이 아파트 단지를 다 합쳐봐야 한국의 아파트 한 동도 되지 않는다. 한국에서 사는 사람들은 '미국에 이민 가서 사는 사람들은 다들 잘 살겠지?'라고 생각한다. 나 또한 그런 마음으로 현관문을 열었다.
 비에 젖은 보따리 몇 개와 큰 상자 두 개, 낡은 히터, 컴퓨터와 퀴퀴한 냄새를 풍기는 이불과 살림살이가 어지럽게 놓여 있다. 정리하러 안방으로 들어갔다. 얼마나 오래된 침대인지 모르지만, 나사를 아무리 조여도 조립이 불가능하다. 골동품가게에서나 볼 수 있는 서류용 가방과 빛바랜 흑백사진들이 이 가정의 형편을 대변하고 있다.
 할머니는 30여 년 전 미국에 이민을 오셨다. 미국에 오면 잘 살겠지?하는 막연한 기대와 외아들 장래를 생각해 미국행을 결정했단다. 아들은 이곳에서 대학을 나와 가정을 이루고 살다가 이혼했다. 그후 딸을 데리고 할머니 집에 와 함께 살다가 얼마 전 아들이 재혼해 나가자 할머니가 이 아파트로 이사하게 된 것이다. 지금은 중학생인 손녀와 둘이 살고 있다. 평일이라 손녀는 학교에 가고 없고 대신 사진이 박스 위에 놓여 있다. 생김새로 보아 한국인과 미국인 사이에 태어난 아이이다.

할머니는 조그마한 한국슈퍼에서 반찬 만드는 일을 하며 가계를 꾸려가고 있다. 할머니가 어떻게 생활하고 계시는지 살림살이가 말해 준다. 할머니는 살림을 정리하면서 "이것은 누가 이사 가면서 주고 간 물건이고, 저것은 어디에서 주워온 물건이라며 환하게 웃으신다. 웃음이 가벼워 보여서 좋다. 젊은 날 꿈꾸었던 시간은 어디로 가고 주워온 짐같이 앉아있는 할머니가 애처로워 보인다.

이곳에 사는 한국 사람들은 대개 자영업, 교수, 연구원, 기러기 가족 등으로 구성되어 있다. 교수와 연구원, 기러기 가족을 제외하고는 자영업을 하는 사람이 많다. 특정업계에 근무하거나 자영업으로 성공한 몇 집을 빼고는 다들 힘겹게 생활하고 있다. 자영업으로는 주로 세탁소나 주유소, 청소원, 음식점을 운영하고 있다.

봉사활동 갔다가 만난 한 중년은 옷수선과 잡일을 하며 살아간다. 웃고는 있으나 그 웃음이 왠지 서글퍼 보여 물어보니 IMF때 회사에서 명퇴를 당해 단신으로 미국에 와서 몇 년간 허리띠 동여매고 남의 집 가게에서 자면서 돈을 모아 가족들을 불러 지금은 이곳에서 생활하고 있단다. 그때는 몸으로 때우는 일은 쉽게 구할 수 있었으나 요즘은 남미에서 온 사람들이 잡일을 도맡아 하다시피 하는 바람에 그 일도 쉽지 않단다. 이제는 한국에 가고 싶어도 중고생 딸들 때문에 어쩔 수 없다고 한다. 갈수록 생활이 어려워 한국에 갈 엄두를 못 낸다고 한다. 요즘 들어 더욱 한국에 가고 싶다며 속내를 비친다. 그는 일용직으로 누가 부르면 나가 일하고 부인은 집에서 옷 수선을 한다. 봉사활동 갔다가 만나 이런저런 이야기를 나누다가 돌아서 가는 그의 어깨가 무거워 보였다. 이런 사람이 비단 이 중년뿐이겠는가. 물론 극소수긴 하겠지만, 대궐 같은 집에 사는 한국 사람도 여럿 있다.

　이곳에서 유명한 한 한국인 과학자 집에 초대받은 적이 있다. 부부가 유명한 대학교에서 박사학위를 받고 이곳 연구소와 대학교에서 교직생활을 하시는 분이다. 70살이 훨씬 넘었지만, 아직도 교수생활을 하고 계신다. 한국과 달리 능력만 있으면 정년이 없는 미국인지라 언제라도 관두고 싶을 때 은퇴를 할 것이라는 것이다. 박식하시고 지혜롭게 생활하고 계시는 부부는 늘 진취적이고 나이를 잊고 생활하고 계셨다. 아직도 하고 싶은 게 많다며 한참 젊은 나보다 의욕이 넘쳐 보였다. 이들은 미국에서 성공한 아주 극소수의 Korean and American이다.

　7·80년대만 해도 우리는 아메리카 신드롬에 빠져있었다. 저 푸른 초원 위에 그림 같은 집을 짓고 자유가 보장된 나라, 미국에서 꿈을 마음껏 펼쳐보리라는 야무진 다짐을 하며 '아메리카 드림'을 꿈꿨다. 중년의 남성도 그러한 꿈을 꾸며 왔다고 한다. 미국이라고 그들을 호락호락하게 받아드릴 리가 없다. 드러나지 않은 문제가 이 사회 내면에 숨어있다. 높은 직위와 쉽게 돈 벌 수 있는 일자리는 유대인이나 백인이 차지하고 힘든 일들은 그 외 인종들에게 준다고 한다. 한국인에게 유일하게 준 일거리가 세탁업과 청소업이다. 초창기엔 이 사업으로 부자가 된 한국인이 많았으나 요즘은 히스패닉인과 한국 이민자 대부분이 이 일에 종사하고 있어 이 일도 쉽지 않은 실정이다. 한국인이 외국인을 상대로 먹고사는 사람들은 극히 드물다. 어디가나 자기하기 나름이지만 외국생활은 꿈이 아니라 현실이라는 것을 잊지 말아야 한다.

　미국도 의외로 걸인과 노숙자들이 많다. 왜! 일까? 우리나라가 학연이니 지연이니 하는 문제로 벽에 부딪히듯 이곳은 인종차별이라는 장벽이 도사리고 있다. 스트레스 덜 받고 자유가 보장되고 살기 좋은 곳을 찾아다니지만, 어느 나라를 막론하고 먹고 사는 데는 경쟁이 치열하다. 늘어나는 지구촌의 인구에 비해 우리가 해야 할 일은 한정되어 있다. 세계가 글로벌화 된 지금 내가 어디에서 어떻게 살아가는 것이 현명한지? 한 번쯤 깊이 생각해 봐야 할 문제이다.

한정된 자원의 세계에서 꿈이 아닌 진정한 행복의 포커스는 어디에 맞추어야 할지 말이다

인디언의 메아리

스모키 마운틴으로 여행가는 날 사방이 가을빛으로 가득하다.

스모키 마운틴Great smoky mountain은 애팔래치아 산맥의 일부로 노스캐롤라이나 주와 테네시 주 경계선에 있는 국립공원이다. 미동부가 자랑하는 3대 국립공원이자 가을단풍이 아름다운 곳으로 유명하다. 빽빽한 나무들이 내뿜는 탄화수소와 수증기에 의해 생성된 푸른 안개가 산봉우리를 감싸고 있어서 "그레이트 스모키 마운틴 Great smoky mountain"이라 부른다.

이맘 때가 되면 한국에서는 단풍구경을 떠난다. 이곳은 발길 닿는 곳, 눈길 닿는 곳마다 단풍이 지천이라서 그런지 단풍구경 간다는 사람을 보지 못했다. 영화처럼 방대하게 펼쳐진 자연을 보며 한국에서 자란 나는 그저 부러울 뿐이다.

스모키 마운틴 가는 길도 예외가 아니다. 단풍들이 우리를 보자 되레 반색한다. 눈에 들어오는 스모키 마운틴은 가을과 겨울, 두 계절이 공존하고 있다. 산 입구에는 눈이 부실정도로 고운 단풍이, 산 중턱부터는 눈이 쌓여 있다. 정상에 가까워지자 산에는 벌거벗고 서 있는 나무, 미라처럼 누워있는 나무, 빨간 열매를 주렁주렁 달고 있는 나무 등 각양각색의 나무들로 장관을 이루고 있다. 산 정상 Clingman's Done 아래는 가문비나무가 하늘과 송신하며 천연의 빛을 지상에 뿌려놓는다. 정상에서 애팔래치아 산맥을 바라보면 천연색 파도가 일렁인다. 이곳에서는 하늘이 아치형으로 보인다. 지구가 둥글다는 것을 증명이라도 하듯 말이다. 내가 우주의 중심이 되어 하늘에 깃대를 세우고 있는 느낌이라고나 할까. 이 아름다운 대자연의 창조자는 누구며 주인은 도대체 누구란 말인가? 이백여 년 전만 해도 인디언들이 이곳을 활보하며 다녔다. 인디언들이 생활사가 궁금해 인근에 있는 체로키 인디언 마을로 발길을 옮겼다.

 하늘과 소통하며 품어내는 자연의 숨결은 문명에 길들어진 나의 영혼을 흔들며 잠시 쉬어가게 한다. 길 저편에 인디언이 거주하고 있는 집들이 숲 사이로 언뜻언뜻 보인다. 보통 미국 집들과는 달리 나무로 엉성하게 지어져 있어 인디언들의 거주지라는 것을 쉽게 알 수가 있다. 바람결에 인디언들이 '우후후~' 하는 소리가 실려 온다. 아련한 소리를 따라 가다 보니 오른쪽에는 상점이, 왼쪽에는 인디언 박물관이 있다. 박물관 입구에는 인디언이 지키고 있고 안은 그들의 역사와 삶의 흔적들이 전시되어 있다. 둘러보고 기대치에 못 미쳐 실망했다. 박물관 옆 인디언 수공예품 판매장에는 백인 여성 두 명이 판매하고 있다. 가격이 생각보다 좀 비싸다. 나는 인디언풍의 귀걸이 한 쌍을 샀다. 이렇게 돌아가기는 왠지 허전한 느낌이 들어 인디언들이 경영하는 상가로 갔다. 상점 앞에는 그들의 주식이었던 버펄로가 새겨진 카펫이 손님을 맞이한다. 가게 안에는 토산품인 조각품과 카펫, 도자기, 꿀, 차 등이 진열되어 있으나 상점 또한 이렇다고 할 매력을 느끼지 못해 인디언이 살던 폐가로 향했다.

 단풍 숲 사이로 난 시내가 햇빛을 받아 다이아몬드보다 더 반짝인다. 주위는 풍요로운 자연으로 사람이 살기에 안성맞춤이다. 햇빛이 가득한 뜰과 사납지 않게 흐르고 있는 川, 오래된 나무들과 무성한 숲, 맑은 공기, 외로움이 들 정도로 한적한 곳, 말 그대로 청정지역이다. 넓은 들녘에 가축을 기르던 우리와 도살장, 곡식을 저장하던 저장고와 방앗간, 농기계를 보관하던 창고 그들이 거주하던 집이 산과 들을 지키고 있다. 100여 년 전에만 해도 이 집에 인디언이 살고 있었다. 지금 그들은 어디로 사라졌을까?

콜럼버스가 아메리카에 발을 디딜 당시 인디언의 인구는 아메리카 전체에 약 1,300만 명이었다. 16세기 이후에 유럽인의 침입과 외부와의 투쟁으로 인구가 급격히 감소하였다. 현재 미국 정부가 인디언들에게 무상으로 살아갈 수 있게 많은 혜택을 주고 있음에도 불구하고 자살로 생을 마감하는 인디언들이 늘어나고 있다.

그 이유는 인디언들이 미국 땅에서 살아가는 데는 많은 제약이 따른다. 그들 80%가 실업자라고 한다. 연방법과 원주민 자치법의 갈등으로 일자리 창출이 힘들고, 그들 또한 의욕이 상실되어 있다. 한때 평원을 누비던 그들이 정복자들과 투쟁한 결과 그들의 역사, 전통, 종교가 매몰되었을 뿐만 아니라 토지 무상몰수와 강제이주를 당했기 때문이다. 1930년까지 투표권이 없었을 만큼 차별정책과 보이지 않는 사회적 제약으로 보호구역이란 주거제한을 받아야만 했다. 지금 그들은 알코올과 마약중독, 도박문제로 심각성을 보이고 있다. 인디언들이 거주하고 있는 보호구역만 마약과 도박이 미국 연방법에서 제외된 곳이라 이 구역은 마약과 도박이 쉽게 이루어지고 있다. 2010년 미국 정부는 초기 정부가 이들에게 폭력, 탄압, 강제 이주시킨 점을 사과하였다 한다. 이것은 또 어떤 의미일까?

환경적으로 축복받은 미국에서 여행할 수 있음을 감사한다. 허나 神이 창조한 이 세상을 무력이나 권력으로 지배한다면 아무리 아름다운 이 강산도 무의미할 것이다. 현재 지구촌은 자유와 평화, 평등을 부르짖고 있다. 제한구역 내, 상점 앞에서 인디언 복장을 하고 래틀을 흔들고 있던 인디언을 보며 주인과 객客의 관계를 생각했다. 이 땅의 진정한 주인은 누구인가? 시애틀 추장의 주옥같은 마지막

연설이 지상에 뿌려지는 날이다.

　어떻게 저 하늘이나 땅의 온기를 사고 팔 수 있는가? 우리로서는 이상한 생각이다. 공기의 신선함과 반짝이는 물을 우리가 소유하고 있지도 않은데 어떻게 그것들을 팔 수 있다는 말인가? 아침 햇살 앞에서 산안개가 달아나듯이 홍인은 백인 앞에서 언제나 뒤로 물러났었지만 우리 조상들의 유골은 신성한 것이고 그들의 무덤은 거룩한 땅이다.

핼러윈 데이

　10월의 핼러윈 데이Halloween day, 11월의 추수감사절Thanksgiving Day, 12월의 크리스마스Christmas Day로 미국인들이 즐기는 큰 행사가 다달이 이어져 있다. 대부분의 가정이 이 행사에 걸맞게 9월부터 집 단장으로 분주하다. 높은 산이 없고 나무와 숲이 많아 맑은 공기와 이상 기온을 자랑하는 이곳은 온통 천연색으로 술렁인다.
　집집마다 장식한 핼러윈 장식과 곳곳에서 진행되고 있는 다채로운 행사로 축제의 분위기는 한층 고조되고 있다. 환경적으로 축복받은 이 땅에 살고 있는 사람들은 자못 행복한 사람들이다.
　현지인들의 마음도 가을 분위기만큼이나 울긋불긋하게 물들어가고 있다. 상점마다 희귀한 핼러윈 의상을 사는 사람들로 붐빈다. 가정에는 거미줄 같은 그물로 집 주위를 찡찡 돌려놓고 온갖 기괴한 형상들을 달아 놓은 풍경을 보고 있으면 귀신이 우르르 쏟아져 나올 것만 같다.
　이렇게 행해지고 있는 미국의 풍습은 고대 켈트족들이 악령을 쫓기 위해 행해진 핼러윈 데이Halloween day와 메이플라워호號로 신대륙에 이주한 반反영국 청교도들이, 첫 수확을 하느님께 감사한 일에서부터 비롯된 행사로 미국 전역에서 진행되고 있다.
　추억으로 깊어가는 가을, 나는 지금 연구차 이곳에 온 가족들이랑 Great Smoky Mountains National Park의 Gatlinburg Cabins에서 핼러윈을 보내고 있다. 늘 부족한 나는 자연에 순응하며 감사의 기도를 한다.

잠시 머물고 있는 미국이지만 아이들과 미국문화를 마음껏 즐기다 돌아가고 싶다. Gatlinburg Cabins는 한국에서 흔히 말하는 고급 펜션이다. 미국에서 공무원 생활하고 있는 김박사님이 선택한 펜션에 5가족이 머무르고 있다. 언덕 가장 위에 자리한 케빈은 절정인 가을 단풍과 어우러져 우리의 마음을 사로잡았다.

아이들은 2층 바깥에 마련된 풀장에서 신이 났고, 어른들은 1층 바깥에서 바비큐 파티로 서로의 우정과 그간에 미국에서 있었던 일들을 주고받으며 한국에서 느껴보지 못했던 낭만을 즐겼다. 타국에서 생전 모르던 사람과 인연을 맺고 함께 한 여행은 우리의 마음을 더욱 가깝게 끌어당겼다.

한국에서도 그렇지만 취미나 생각이 비슷한 사람을 만나기가 쉽지 않다. 미국에서의 인연으로 한국에 돌아가서도 이번 여행에서 느꼈던 따스함이 변함없이 이어지기를 바라본다. 로마에 가면 로마의 법을 따르라는 말이 요즘은 문화의 적응도를 말하고 있겠지. 외국생활을 할 때는 특히 차이를 인정하고 즐길 줄 아는 문화인의 자세가 필요하다.

230여년 밖에 되지 않은 짧은 역사 속에 한국인이 첫발을 디딘지 100년이 됐다. 이젠 미국 속에 한국의 역사가 숨 쉬고 있다. 그야말로 세계는 하나다. 한국인인 내가 단풍으로 가득한 테네시 주에서 가을의 낭만을 즐길 줄이야 누가 알았겠는가.

5부

親愛なる 全永順さまへ
お元気のご様子で安心いたしました。美しい本をお送りくださり
ほんとうにありがとうございました。2012.10月17日に届きました。
ハングル語は 分かりませんが、留学で訪れた土地のことを書れて
と思われます。日本の事については、日本の漢字で井上祥子と
一番最初に　　　　書かれていて、思わず胸があつくなりました。
ジョンさんは、あいかわらず
美しく、ご主人は思いやりが
あり、お子さま達はみんな
良い子さんです。
お互いに生活が忙しく
なり、文通もままなりません。
いつもあなたとあなたのご家
健康を祈っています。

2012.10.24
Syoko, I.

가을 편지

갈바람 지나간 자리마다 가을빛이 깊다.

나날이 달라지는 가을빛은 우리의 마음을 채색하는 마술사인가 보다. 오가는 길마다 울긋불긋한 단풍들과 눈인사를 한 지가 엊그제 같은데 며칠 사이에 나뭇가지 사이로 하늘이 들여다보인다. 가까운 산책길로 나가 고운 단풍을 바라보고 있으면 내 마음도 덩달아 단풍이 든다. 아름다운 빛이 내게 와 따뜻하게 감싸듯 내게는 봄 같은 사람, 여름 같은 사람, 가을 같은 사람, 겨울 같은 사람이 계절마다 찾아와 안부를 묻고 간다. 그때마다 나는 잠깐 추억에 잠길 뿐 더 이상 집착하지 않는다. 그것이 나의 큰 단점이다. 이런 나에게 경종이라도 울리듯 계절은 어김없이 찾아와 문책하고 간다. 이 가을, 몇 년간 꼭꼭 묻어 두었던 사람에게 안부를 전하라고 자꾸만 채근한다. 한가하면 연락해야지 한 것이 벌써 7년이 됐다.

소중한 것을 하나둘 내려놓는 자연의 겸손 앞에 나도 내 소중한 사람 이노우에 상에게 사연을 보내고 싶다. 긴 시간이 지났는데도 그녀를 그리라면 그릴 수 있다. 짧은 커트에 하얀 머리, 짙은 눈썹과 동그란 눈, 보통 크기의 계란형 얼굴, 엉덩이가 조금 커 보였던 그녀. 이젠 얼굴에 주름 몇 개 잡혔겠다. 약간 꾸짖는 듯한 어투로 "全様 なんでも いいから 連絡 下さい.(전상 무엇이라도 좋으니 연락 주세요)"라고 마지막으로 한 말이 아직도 귓전에서 맴돈다. 이 가을 단풍이 다 지기 전에 그녀에게 단풍 같은 사연으로 편지를 써야겠다.

내가 그녀를 처음 알게 된 것은 16년 전이다. 공부하는 남편을 따라 일본에 체류하고 있을 때 공민관에서 그녀를 만났다. 그때 나는 대학에서 일본어과정 수업을 받고 있었다. 수업이 없는 날은 공민관에 나가 요리와 도자기 만드는 법을 배웠다. 학교생활 외에 일본 사람들과 어울리는 것이 일본문화를 이해하는 데 도움이 되겠다는 생각에서였다. 그녀는 나에게 다가와 인사를 했고 내가 모르는 것을 친절하게 가르쳐 줬다. 그렇게 우리는 스물여덟 살이란 나이 차이는 아랑곳하지 않고 친구가 됐다. 그녀는 모회사 사장 부인으로 그림을 그렸는데 나의 과외 선생이 돼 주겠다는 것이다.

내가 수업이 없는 날에는 그녀 집에 데려가 일본 문화와 일본어를 가르쳐 줬고 점심시간에는 일본요리를 직접 만들어 먹었다. 지금도 나는 그녀가 가르쳐 준 바라스시를 제일 자신 있게 만든다. 수업 중에 내가 따분해 하는 기미가 보이면 이층 화실로 데려가 엽서 만드는 것과 정물화 그리는 것을 가르쳐 줬다. 가끔 나는 그녀의 모델이 되기도 했다. 타국에서 공부하다 보니 경제적으로 어려울 때도 더러 있었다. 그럴 때마다 우리 집에 무엇이 필요한지 나보다 먼저 알고 기분 나쁘지 않게 전해주고 갔다. 내가 미안해하는 표정을 지으면 한국에 돌아가서 연락이나 끊지 말라며 신신당부하는 것이다. 그렇게 4년이란 세월이 흘렀고 우리는 캐나다로 가게 됐다. 그녀는 1년 후 내가 보고 싶다며 캐나다까지 다녀갔다. 몇 년 후 나는 한국으로 돌아간다는 마지막 편지를 띄우고 지금까지 소식을 전하지 못 했다.

나의 친구이자, 선생이자, 어머니였던 이노우에 상. 귀국해서 자리 잡으면 연락해야지 한 것이 벌써 7년이란 세월이 흘렀다. 그렇다고 내가 그녀를 잊은 것은 아니다. 어쩌면 그녀가 내게 베풀어 준 손길보다도 더 크게 그녀를 간직하고 있을지 모른다. 단풍이 하나 둘 바람에 떨어진다. 가장 소중한 것을 내려놓고 있는 자연 앞에 나는 늘 작아진다. 가을, 스산한 바람이 옷깃을 스칠 때마다 가슴에 느껴지는 공空. 가을은 채우는 것이 아니라 내 안의 소중한 인연들을 찾아 나서는 계절인가 보다.

交 感

 경칩을 지난 춘 삼월의 꽃샘추위가 며칠째 심술을 부리더니 오늘은 잠잠하다.
 아침이면 막둥이를 어린이 집에 보내기 위해 이 길을 걷는다. 겨우내 침묵하던 나목에선 새순들이 소곤거리고, 어디에선가 알싸한 바람이 봄의 향기를 가득 싣고 올 것만 같다. 이삼 분 거리 밖에 되지 않는 짧은 길이지만 중년의 나에게는 많은 사색과 행복의 장을 열어주는 곳이다.
 아이와 도란도란 얘기를 주고받으며 셔틀버스를 기다리고 있는데, 수십 미터 앞 골목에서 "퍽"하는 소리와 함께 날카롭게 울부짖으며 한 여인이 도로변으로 뛰어나온다. 나도 모르게 겁에 질려 막둥이를 잡고 있던 손에 힘이 잔뜩 들어간다.
 아침 통근시간, 무슨 일일까? 달리던 자가용 한대가 멈춰서고 뒤이어 기다리던 어린이집 버스가 우리들 앞에 선다. 잔뜩 긴장된 마음을 겨우 진정시키며 버스에 오르는 아들을 향해 잘 다녀오라고 손을 흔들어 주었다. 시선을 돌리니 그 여인은 축처진 강아지를 부둥켜안고 대성통곡을 한다. 아침 산책길에 강아지가 앞서간 것이 화근이었나 보다.
 집에 돌아온 후에도 여인의 울부짖던 모습이 내 뇌리에서 떠나질 않는다. 그 강아지와 그녀는 얼마나 각별한 사이였기에, 그토록 서글프게 운 것일까?
 이일 저일 생각하다보니 래시를 애지중지하던 팜이 생각난다.

캐나다에서 언어 소통이 제대로 되지 않아 입 달린 벙어리가 되어 있을 때, 연구소 직원의 소개로 나는 개인교사 팜을 알게 되었다. 일주일에 세 번, 두 시간씩 영어를 가르치러 우리 집에 올 때마다 그녀 곁에는 언제나 송아지만한 크기의 듬직한 보디가드 래시와 동행했다. 그녀가 우리 집에 처음 래시를 데리고 왔을 때, 난 무척 당황했다. 워낙 애완동물에 관심이 없던 탓도 있었지만, 덩치 큰 래시가 사납지나 않을까하는 염려 때문이었다. 겁에 질려있는 내 모습을 보고 팜은 "래시 착한 친구"하며 거실 창가에 세워두었다. 팜이 한참 가르침에 열중하고 있는 동안, 래시는 서산에 걸린 태양이 잔잔한 호수에 스며드는 것 같은 그윽하고 다정한 눈빛으로 그녀를 내내 지켜보고 있었다. 그때의 래시는 개가 아니라 팜을 지켜주는 수호천사 같았다. 그런 래시를 생각하니 아침에 보았던 그 여인과 축처진 강아지도 그들처럼 애틋한 사이가 아니었을까?

흔히 말하는 개하면 시댁의 '못난이'가 킹킹거리는 것 같고, 김치공장에 아침에 나갔다 저녁에나 돌아오시는 어머님의 모습이 눈앞에 선하다. 어머님은 아침에 먹다 남은 음식찌꺼기와 사료 한 줌을 못난이에게 "휙" 집어 던져 주고는 바람처럼 떠나신다. 머리 위에서 방긋 웃던 햇살이 옆산을 지나 이웃마을로 넘어갈 때까지 못난이는 산골 외딴집에서 "끼~잉"하며 어머님이 돌아오기만을 학수고대하고 있다. 그저 몸 하나 들어갔다 나왔다 할 수 있는 숭숭 구멍 뚫린 판잣집에서 "휑" 하니 바람을 맞으며 드나들 뿐이다. 어둠이 동네에 깔려서야 어머님은 당신을 애타게 기다리고 있는 못난이의 소리를 찾아, 더듬더듬 집으로 오신다. 못난이는 꼬리를 살래살래, 끙끙, 낑낑 반색을 하며 펄쩍펄쩍 뜀박질로 어머님을 맞이하지만 어머님은 큰 기침 한 번 "흠"하시더니, "이 노무 개XX 저리 안 가"하시며 발길질로 밀어 내신다. 시골 외딴집에서 그들만의 만남은 못난이의 증조할머니 때부터 이렇게 교감하며 이어져 오고 있다.

내 어릴 적 우리 집에도 영리한 똥개 한 마리가 든든하게 보초를 서고 있었다. 우리는 그 똥개를 매리라고 불렀다. 나는 그저 누가 우리 집을 드나들 때, 초인종같이 멍멍 짖어주면 그것으로 매리의 의무를 완수한다고 생각했다.

여고 시절 어느 날, 타지에서 공부하다 집에 와 대문을 열고 들어가도 아무 인기척이 없었다. 무슨 일이라도 있나 싶어 안방 문을 열어보니 막냇동생이 매리를 방에다 데려다 앉혀 놓고 매리 한 숟가락, 막내 한 숟가락 의좋게 숟가락 하나로 밥을 먹고 있는 것이 아닌가! 나는 기가 막히고 화가 나서 동생을 밀어 제치고 매리를 끌고 나와 마당에다 내동댕이쳤다. 매리는 큰 대자로 누워 버린 채 꼼짝도 하지 않았다. 갑자기 '매리가 죽으면 어떡하지.' 가슴이 덜커덩 내려앉았다. 내가 너무 큰 죄를 지은 것은 아닐까, 가까이 가서 제발 살아 있기만을 간절히 바랐다. 잠시 후 매리는 아무 일 없었던 것처럼 "끼이잉~"거리며 일어나 내 눈치를 힐끔힐끔 보며 슬그머니 부엌으로 도망갔다. 나는 그제야 안도의 숨을 내쉴 수가 있었다. 그런데 일이 벌어지고 말았다. 어둡도록 막내랑 매리의 행방이 묘연했다. 온 동네가 발칵 뒤집혀 밤늦도록 찾아 헤맨 끝에 둘을 찾았다. 둘은 논두렁 짚가리에서 다정하게 끌어안은 채 평온한 모습으로 잠을 자고 있는 게 아닌가. 그 순간 나는 막내가 측은하여 가슴이 아릿했다. 맏이인 나와 막내는 나이 차이가 열 살이나 난다. 생업에 바쁜 부모님은 낮에는 거의 밖에서 계셨기에 집에는 항상 막내 혼자였다. 정 붙일 때 없었던 막내는 가족들보다도 매리를 의지하며 그렇게 지냈다.

아침에 어느 여인의 절규와 팜과 래시가 주고받던 부드러운 눈빛, 어머님을 애타게 기다리는 못난이, 매리를 의지한 동생을 보면서 지금까지 내가 그들처럼 강아지에 대한 애정을 느껴보지 못한 것은 내 주위에는 교감할 수 있는 누군가가 늘 곁에 있었기 때문이 아닌가 싶다. 어떤 이는 사람과 사귀기를 좋아하는가 하면, 또 어떤 이는 사람들에게 상처받는 것 보다는 차라리 '애완동물과 교감하며 살아가는 것이 마음 편하다'는 이도 있다.

예전보다 모든 것이 풍요로워져 제 하고 싶은 대로 하는 세상이지만, 오히려 그것들로 인해 사람끼리 소원疏遠해져 우리네 마음의 허허로움은 커져만 간다. 그러다 보니 외로움을 달래기 위해 나와 가장 가까이에 있는 그 무엇과 교감하고 싶을 때, 따뜻한 눈빛으로 마주할 수 있다면 강아지든 사람이든 무엇이 대수랴!

내 친구 요시코

요시코 상을 만나러 서울 가는 길이다. 몇 달 전, 12년 만에 우리는 통화를 했다. 그후 메일로 서로의 안부를 주고받았다. 그녀를 생각하면 나도 모르게 마음이 편안해진다. 요시코는 금방이라도 이슬을 내려놓을 것 같은 크고 깊은 눈을 가졌다. 참 선한 얼굴이어서 그녀 앞에 서면 나도 모르게 순한 양이 된다. 이런 친구를 나는 잊고 살았다. 사정이야 있었지만, 그것은 순전히 내 탓이었다.

그녀와 인연은 남편이 일본 유학시절 국제교류 관계로 시작됐다. 공무원과 뜻있는 시민들로 구성된 국제교류원들은 유학생들을 찾아가 어려움이 무엇인지 파악한 다음 물심양면으로 도와줬다. 내 기억으로 처음 도움받았던 것은 세간살이었다. 집에서 쓰던 물건과 아이들이 입다 작아진 옷들을 가져다주며 혹시 내가 마음 상하지나 않을까 조심스러워하던 모습이 눈에 선하다. 그 당시에도 원화와 엔화의 환율차가 많이 나서 경제적으로 어려웠던 우리에겐 큰 도움이 됐다. 교육문제, 복지시설 이용 방법, 의료보험에 관련된 사항 등 타국에서 혹여 불편하거나 외로움에 젖지 않을까 싶어 우리의 손과 발, 친구가 돼 줬다. 나는 그들을 통해 많은 것을 배웠다. 한국에 돌아가면 나도 그들처럼 한국에서 생활하는 외국인들을 위해 일해야겠다고 마음먹었다. 그리고 그들의 市와 내가 정착할 도시와 자매결연을 맺는데 힘을 다하자고 약속했다.

학위를 마치고 캐나다로 가면서 그들과 작별을 한 후로 연락이 두절됐다. 그러던 올 초 어느 날 12년 만에 그때 그들로부터 전화를 받은 것이다. 국제 교류원으로 일본에 온 한국 사람에게 우리가 보고 싶다고 수소문한 끝에 연락이 닿은 것이다. 교류원으로 일하고 있는 한국 사람이 마침 서울에서 결혼한다고 해서 공무차 한국에 온 것이다. 결혼식이 끝난 후 그녀의 가족과 우리 가족은 만났다. 요시코는 우리를 보는 순간 눈에 눈물이 가득 고였다. 그때 유치원생이었던 아이들은 자라 대학생이 되었어도 우리의 만남은 예나 지금이나 변함이 없었다. 우리는 서울에 있는 고궁을 돌며 그간 못다 한 이야기를 나눴다.

  저녁을 먹고 찻집에 앉아 그녀가 선물을 주는데 나는 울컥했다. 일본을 떠나기 전 아사히신문에 내 고향을 소개한 적이 있었다. 그때 그 신문을 오려서 정성스레 스크랩해 갖고 온 것이다. 나는 인사동에서 그녀가 관심 있어 하는 수예품과 신발을 선물했다. 그녀와 나는 하이힐을 신고 하루 종일 걷다 보니 다리가 아파 똑같은 신발 두 켤레를 사서 신고는 서로 쳐다보고 웃었다. 내가 일본에서 별 불편 없이 생활할 수 있었던 것은 이방인을 대하는 그들의 따뜻한 사랑과 관심이었다. 그에 비해 우리나라는 아직 외국인을 대하는 것이 익숙지 않다. 외국인 거주자가 백만이 넘어서는 시대에 외국인을 대하는 우리의 태도는 아직도 미온적이고 때로는 냉담하다. 특히 다문화 가정이 늘어나면서 문화적 차이에서 오는 정서적 갈등이 표출되고 있다. 국제화 시대에 부응하는 우리의 의식변화가 필요하다. 타국에서 받았던 따뜻한 정을 이젠 나도 한국에서 생활하는 외국인들을 위해 일해야 할 때가 아닌가 싶다.

  고마워요. 눈을 뜨게 해준 요시코 상.

地域の動き

私のふるさと
県内在住外国人に聞く ㊸

韓国・安東市
主婦
全永順（ジョン・ヨンスン）さん

私が生まれ育ったのは韓国中部の慶尚北道・安東（アンドン）市です。非常に古くからある街で、韓国の伝統文化が色濃く残っています。日本でいえばさしずめ京都や奈良でしょうか。釜山市から車で三、四時間はかかります。人口は五万人ほどで昔からのしきたりや慣習をよく守って暮らしています。

数多くの王妃生んだ町

山の恩恵のおかげで、安東には名家が多く、日本でも有名な新羅・百済などの時代には、数多くの王妃がここから生まれたそうです。

日本からも歴史や民俗学に興味を持つ人たちがやってきて、「論文に書くんだ」とか言いながら熱心に見ていますよ。

もう一つ有名な祭りが「ハウェ・タル」です。身分の低かった人たちが両班の面を着けて気分だけ貴族になって舞うというもの。宮崎大に夫が留学していたのころに「お姫様祭り」その名残として毎年、盆のころに「お姫様祭り」をします。姫の嫁入りの時、街を流れる川に橋がなかったので人々が川に入り、ひと見物客が来ます。

韓国はかつて両班（ヤンバン）という厳しい身分制度がありました。安東は、自分の差もいまだに強く残っていて、この厳しい制度が日本のお母さんとし歌を教えてくれた井上祥子さん、ありがとうございました。日本のお母さんとしていつまでも忘れません。

사이를 관통하는 길목에서

 낙엽이 거리에서 엎치락뒤치락 거리며 좋아한다. 봄, 여름, 가을 미묘한 거리에서 마음과 눈길로만 주고받았던 잎들이 해후하는 계절이다. 한 나무에서 단풍이 될 때까지 만나지 못했던 그들이 제 몸 내려놓고서야 만났다. 바람은 중매쟁이인가 보다. 멀리 떨어져 있던 잎들의 세계를 아주 가깝게 맺어준다. 자연과 자연 사이에 바람이란 매개물이 있다면 사람과 사람 사이는 소통이란 마음의 거리가 있다. 하긴 요즘은 미디어란 매체가 전파를 타고 우리의 관계를 맺어주기도 하지만, 이것은 어디까지나 매체의 수단이지 정신적 소통이 될 수는 없다.
 사람들 사이에는 섬이 있다는 한 시인의 말은 요즘 우리의 세태를 반영하고 있다. 사람과 사람 사이에 소통의 끈이 없다면 섬과 같다. 우리는 많은 사람과 소통하며 살아간다. 인간관계에서 소통이란 명사 속에 마음이란 단어가 빠졌다면 불통이 되고 말 것이다. 소통은 사람들의 마음과 마음을 따뜻하게 해 주는 통로다. 마음과 마음이 소통한다면 비단 섬과 섬의 관계뿐만 아니라 국경도 초월한다.
 며칠전 이십 년이 넘도록 소통하고 있는 일본 사람들을 만났다. 기업인과 공무원인 그들은 매년 한두 번 한국을 방문한다. 나는 토기다 회장을 이십여 년 전 일본에서 생활할 때 알게 된 사이다. 사업차 일년에 100일은 외국에서 보낸다는 그가 한국을 방문할 때는 그와 관련된 업자들을 데리고 온다. 나는 그들이 한국을 방문할 때마다 그들을 안내한다. 잘하던 일본어도 어쩌다 한번 쓰니 이젠 노란

불이 자주 들어온다. 이들은 그래도 다른 사람을 부르지 않고 나를 찾는다.

이번 방문은 작년에 다녀온 곳을 재방문한다. 요즘 일본도 한국과 마찬가지로 건강식품에 관심이 많다. 방문할 곳은 인삼특작연구소와 공장, 농가이다. 인삼이 씨앗에서부터 가공되어 제품이 만들어지기까지의 과정을 둘러볼 계획이다. 약재로 쓰이는 인삼은 요즘 일본 연구자들에게 관심이 집중되어 도야마富山대학에서 활발히 연구되고 있다. 한국 인삼이 인삼을 대표하는 브랜드로 호평받고 있다니 한국인으로서 반가운 소식이다.

먼저 음성에 있는 농촌진흥청 국립원예특작과학원을 방문했다. 인삼특작연구부의 부장님과 연구관, 연구사가 반갑게 그들을 맞이하며 이곳에서 이루어지고 있는 연구들을 친절하게 설명해 주셨다. 일본인들은 호기심 많은 아이들처럼 설명을 들으며 외국인을 응대하는 이곳 관계자의 매너에 감탄한다.

이어서 4대째 인삼을 재배 생산하며 가풍을 이어오고 있는 농가와 다양한 시스템과 전략으로 국제화물결에 대응하는 회사를 방문했다. 한국인의 인삼에 대한 관심과 열정에 못지 않게 80살이 넘은 토기다 회장은 현장을 둘러보며 꼼꼼히 메모한다. 3대째 종자회사와 연구소를 경영하며 6개국에 종자회사를 갖고 있는 그는 말한다. 한 사람의 직원으로 4인 가족을 생각하고, 회사의 발전과 국제화를 향해 발로 뛴다고. 이문에 눈이 먼 우리나라 종자회사 경영인들과는 마인드가 다르다.

이러한 장인정신이 있기에 22개의 노벨상을 탄생시킨 일본이 아닐까? 개인의 이익보다는 사회와 인류를 위해 노력하는 토기다 회장을 보면서 기업이 장수하는 길이 무엇인지 조금은 알 것 같다. 기업도 인간관계도 믿음이 없다면 소통할 수 없다.
 오색바람 찬란한 가을날, 사람과 사람 사이에 원활히 관통할 수 있는 소통에 대해 잠시 생각해 본다.

욘사마의 힘

21세기를 살아가는 우리는 과학의 힘과 미디어에 의존할 수밖에 없고 또한, 그 정보를 통해 세상 돌아가는 사정을 알 수 있다. 내가 어릴 때만 해도 우물가나 빨래터가 우리 어머니들의 유일한 정보교환 장소이자 스트레스를 해소하는 곳이었다.

전기도 들어오지 않던 시절, 학교에서는 가정환경 조사로 전화, 라디오, 텔레비전이 있는 사람은 손들어라고 할 정도로 세상 돌아가는 정보를 알려주는 매체가 많지 않았다.

> 오늘 뉴스를 말씀드리겠습니다.
> 오늘 뉴스는 없습니다.
> 우리나라 국영방송의 초창기 일화다
> 나는 그 시대에 감히
> 행복이란 말을 적어 넣는다.
> ― 박세현, 「행복」 부분

정보에 어두워 문명에 물들지 않았던 그 시절이 어쩌면 행복했을지도 모른다. 그러나 버튼 하나로 세계정세를 한눈에 알 수 있게 된 현실은 신선한 충격이 아닐 수 없다.

지구촌 문화의 갭을 좁히는 데는 여러 가지 방법이 있다. 그중에서도 예술이나 스포츠가 가장 적합하지 않을까 생각한다. 요즘 세계의 매스컴에서는 한류 열풍을 빈번하게 다루고 있다. 한류의 시

발점이 아마도 배용준이 출연한 '겨울 연가'가 아닌가 한다.
 당시 이 드라마의 상품가치나 경제 효과가 3조 원을 초과했다고 하니 입이 떡 벌어질 수밖에, 특히 남자 주인공 배용준의 인기는 하늘 높은 줄 모르고 치솟고 있다.
 그가 주는 환한 미소 속에 감추어진 유연함, 그리고 단단한 몸매가 일본의 중년 여인들의 가슴을 설레게 한 것이다. 무미건조해 있던 일본 여인들 가슴 속에 열정의 씨앗을 뿌린 것이다.
 분별력에 있어서는 찬바람이 일정도로 냉철한 일본인들이 한국 드라마를 보고 마음이 움직였다는 것은 대단한 일이다. 일본인들이 얼마나 냉정한가를 처음 체험한 것은 내가 일본에서 잠시 생활할 때다.
 그 당시만 해도 미야자키에는 외국인들이 그리 많지 않았다. 그 집 주인 할머니의 이름은 히로세 마리코. 그녀의 남편이 태평양 전쟁에 참가했었다며 우리 앞에 자랑스럽게 이야기하곤 했다.
 그때만 해도 나는 반일 감정을 가지고 있었다. 그러나 그녀는 내가 품고 있는 그런 감정도 모른 채 우리 가족을 친 자식처럼 돌 봐 주었다. 또한, 그 지방의 유지이자, 유명한 요리사로 자리 잡은 파워있는 할머니였다. 항상 깍듯한 예의와 친절로 우리 가족을 감동시켰다.
 그 할머니 덕에 나도 한국요리를 소개하는 전도사가 되어 여기저기 부름을 받았다. 가정학을 공부했다는 말이 무색할 정도로 요리에는 조예가 없었던 나. 엄마 어깨너머로 배운 것이 전부로 김치 담그는 것을 겨우 흉내 내는 정도였다. 요리하면서 나는 많은 것을 느꼈다.
 오늘은 마리코 상의 모임에서 한국요리 김치를 배우러 온 사람들이었다. 그네들끼리는 ○○그룹이니 ×그룹이니 하며 집단을 형성하여 대단한 단결력을 보이고 있었다.

열일곱 명의 아주머니들이 모인 자리에서 인원 파악하던 마리코 상은 처음 본 아주머니를 향해 당신 누군데 우리 그룹에 왔느냐며 호통을 치더니 당장 나가라는 것이었다. 나는 무척 당황했다.

집단, 소속, 조직……. 일본은 '이지메'(한국말로 흔히 왕따)를 할 때 그룹으로 이루어진다는 것도 얼마 후에야 알게 되었다. 그래서 나는 무리를 싫어하는지도 모른다. 그리고 한국 요리는 대충, 눈대중, 어림잡아 맛을 낼 수 있지만 일본인들은 몇 스푼, 몇 그람까지 아주 정확한 계량을 요구하고 있었다.

이렇게 정확함이 요구되는 빈틈없는 사회 속에서 낯선 그 무엇이 존재하기란 낙타가 바늘구멍을 통과하는 것처럼 어려운 일이다. 이러한 일본에 한류의 바람이 불고 있다는 건 정말 놀라운 힘이 아닐 수 없다.

어떤 신문기사에서 욘사마ょんさま, 사마, 사마, 사마란 말이 네 번이나 기재된 것을 보았다. 이 기사를 보는 순간, 우리나라 군인 체계의 계급사회가 주는 별(직위)을 연상케 했다. 장군이란 명칭을 얻기 위해 별 하나를 다는 것은 하늘의 별을 따는 만큼 힘들다 하지 않는가. 배용준이란 배우는 별을 네 개를 달았다는 생각이 들었다.

일본의 호칭을 볼 것 같으면 우리나라와 비슷하다. 상대를 부를 때 ○○야 할 때 ○○짠ちゃん, ○○군くん, ○○씨さん라고 부르고 임금님처럼 아주 특별한 지위의 인물이나 해님, 달님 같은 사물에 ○○사마さま란 명칭을 쓴다.

이전에 준짱으로 불리던 일본수상 고이지미 준 이치로는 지난 선거 때 여성들의 인기를 얻기 위해 "욘사마를 본받아 '준사마'로 불릴 수 있도록 노력하겠습니다."라고 할 정도로 '사'라는 아무에게나 불리어 지는 호칭이 아니다.

우리가 누구에게 가까이 다가가서 공감대를 형성하기란 그리 쉽지가 않다. 특히 국제화 시대에 '무엇을 어떻게 보여주며 접근할 것인가'란 정말 큰 이슈가 아닐 수 없다. 우리의 감정, 정신세계의 공감대를 형성할 수 있는 문화적인 매체의 힘을 잘 끌어 올려 우리 대한민국의 기상을 지구촌에 높이 휘날리는 날을 기대해 본다.

욘사마의 힘을 통해 우리도 '할 수 있다'는 희망을 얻었다. 세계에 한국을 알리는 것도 중요하지만, 다른 나라의 문화를 이해하고 수용하는 너그러움을 지닌다면 선진국으로 향하는 밑거름이 되지 않을까 생각한다. 욘사마의 힘을 바탕으로 요즘은 전세계가 한류로 술렁이고 있다. 21세기는 첨단과학과 예술문화의 시대다. 국제적인 문화교류를 통해 우리 국민들이 선진국민으로 거듭 날 수 있기를 희망해 본다.

할머니의 고쟁이

고운 햇살 사이로 고개 드는 새싹처럼 미니스커트 아래로 내민 뽀얀 다리가 계절을 말해주는 봄날, 짧은 치마 아래로 드러낸 다리와는 사뭇 다르게 사시사철 할머니의 다리를 넉넉하게 감싸주던 고쟁이가 들녘 아지랑이처럼 피어난다. 내가 세상에 태어났을 때, 아마도 할머니는 희끗희끗한 머리를 반듯하게 가르마 타시고 기뻐했을 것이다. 유년의 기억을 더듬어보니, 발끝을 살짝 덮은 옥색 치마 속에 감추어진 할머니의 헐렁한 속옷이 나를 추억 속으로 잡아당긴다.

할머니가 동네잔치에 가시는 날이면, 나는 할머니의 속옷에 숨겨올 먹을거리를 기다리며 대문을 뻰질나게 드나들었다. 내가 지칠 때쯤이면 기와지붕의 그림자는 이미 마당에 길게 드러누워있었다. 그 그림자만큼이나 목을 길게 늘어뜨려 할머니가 오시는 길을 애타게 기다리고 있으면 그때야 저 멀리서 할머니가 종종걸음으로 오신다. 할머니는 손을 흔들며 가까이 다가와 다정한 눈빛으로 나를 반긴다.

팔짝팔짝 뛰며 할머니 손을 잡고 대청마루에 걸터앉자 할머니는 맨 먼저 코 달린 버선 뒤꿈치를 잡아당겨 벗어 놓고, 뒤 돌아앉아 치마를 걷어 올린다. 그리고는 눈 깜짝할 사이에 맛있는 음식과 과일을 잔칫상 차리듯 마루 위에 맛깔스럽게도 차려놓는다. 어린 나이에 할머니가 뒤 돌아앉아 치마를 걷어 올리면 도깨비방망이처럼 뚝딱, 온갖 맛있는 것들이 나오는 줄만 알았다.

세월이 흘러 초등학교 2학년 때의 일이다. 할머니의 머리맡에는 뇌신(두통약)이 봉지마다 가득했고 그것은 할머니의 만병통치약이었다. 그리고 머리에는 분신인 양당목수건을 쓰고 계셨다. 어릴 때부터 보아 온 모습이어서 나는 별로 대수롭지 않게 생각했다. 그러나 할머니는 아랫목에 누우셔서 늘 머리가 욱신욱신 쑤시고, 팔 다리가 저리다며 전신全身을 자근자근 밟아 달라 하셨다. 내가 벽을 의지해서 밟으면 "아~시원하다."하시며 두 눈을 지그시 감으셨다. 내 발은 할머니의 아픔을 해소해주는 삼신할머니의 약손 같았나 보다. 나는 할머니의 앙상히 드러난 뼈들이 내 발아래 금방이라도 부러질 것 같아 조심스러웠다.

난 친구들과 바깥에서 뛰어놀고 싶었지만, 할머니와의 묵계默契가 있었기에 꾹 참았다. 쨍그랑쨍그랑 엿장수 가위질 소리만 나면 달콤한 엿가락이 내 입을 즐겁게 만들었다. 싫다고 꽁무니를 빼던 어느 날, 방물장사가 가지고 다니던 꽃신이 어느새 내 손에 쥐어지고 그날은 꼬박 할머니 곁에서 안마사가 되어야 했다. 엿장수가 쨍그랑거릴 때도, 목청 큰 아저씨 우렁차게 '아이스 깨기' 부르짖을 때도, 보따리 아지메 꼬까옷 이고 오실 때도 할머니는 뒤돌아 앉아 치맛자락을 걷어 올리셨다. 고쟁이에 손만 한 번 들어갔다 나오면 내가 갖고 싶은 것은 거의 내 것이 되는 순간이었다.

지금 와 생각해 보면 할머니는 산후병과 맘고생으로 평생을 앓고 계셨던 것 같다. 어느 날 다락방에서 무엇을 찾고 있었는데, 군청색 수첩이 눈에 띄어 넘겨보니 할아버지 이름이 적힌 공무원증이었다. 할아버지는 막냇삼촌이 뱃속에 있을 때 행방불명이 되셨다. 막냇삼촌도 할아버지 얼굴을 모르는데, 손녀인 내가 어찌 알겠는가. 할아버지는 6.25 때 동네 젊은 청년들과 야밤에 나가신 이래 오리무중이다. 할머니는 할아버지를 애틋하게 기다리거나 원망하는 등 어떤 내색도 보이지 않으려고 했으나, 강아지처럼 할머니를 따라다니던 나는 할머니가 아궁이에 불을 지피면서 연기가 난다며 훌쩍거리는 것을 여러 번 보았다.

  할머니의 힘겨운 삶은 은밀한 곳에 깊숙이 숨어 있었다. 혼자 살아가야 하는 힘겨움이 다른 여인들의 고쟁이 속주머니보다 훨씬 더 깊게 패어져 있었던 것이다. 할머니가 암으로 돌아가셨을 때, 할머니의 고쟁이를 보니 속주머니는 큼직 막이 무릎 가까이까지 탄탄하게 꿰매어져 있었다. 할머니를 떠나보내는 슬픔보다 고쟁이 속주머니가 두 번 다시 열려지지 않는다는 사실이 어린 나를 더 슬프게 했을지도 모른다.

  외국 생활이 길었던 우리 가족은 파티 복으로 한복을 단정히 준비해 두었다. 짙은 장밋빛 치마에 늦가을 강가에 드리워진 물빛 같은 옥색 저고리를 입고 하얀색 고쟁이로 뽀얀 다리를 감추고 폼을 잡아 본다. 무도회 같은 화려한 파티라서 그런지 요리 또한 다양했다. 맛있는 요리를 보는 순간, 집에 두고 온 아이들이 마음에 걸려 어떻게 '이 맛있는 요리 좀 싸 가지고 갈 수 없나'하며 주위를 두리번거렸다. 어릴 적 할머니의 고쟁이 속에 숨겨온 손때 묻은 음식을 기다렸던 것을 생각한다면 체면 불구하고 챙겨야 할 텐데, 선뜻 손이 가지 못하고 주위의 눈치만 살피다가 기회를 놓치고 말았다. 집으로 돌아오는 길에 엄마 손을 기다리고 있을 애들을 생각하니 남겨진 음식들이 눈에 아른거렸다. 나도 할머니처럼 뒤돌아서서 치마를 걷어 올릴 수 있었으면 좋았을 텐데…….

  내 고쟁이는 어릴 적 할머니 고쟁이보다 쓸모가 없었다. 엿장수 쨍그랑 가위질 소리와 아이스 깨기 아저씨 우렁찬 소리는 우리 집

앞을 지날 때마다 고요했던 할머니의 고쟁이 속주머니를 흔들어 깨웠었지. 가끔 누군가가 그리워질 때, 나는 할머니 손이 드나들었던 손때 묻은 고쟁이의 추억 속에 인정 어린 살 냄새를 그린다.

6부

못 믿겠다 꾀꼬리

새해 아침, 태양은 둥글게 떠올랐다.

시끄러운 세상에도 지구는 말없이 돌고 태양은 뜬다. 365일 24시간이란 똑같은 시간이 매일같이 우리에게 주어지는데도 새해만 되면 우리는 자아 성찰이라도 하듯 반성과 새로운 각오로 다짐한다.

해마다 수천 번 반성하고 마음을 다잡아 보지만 우리의 각오는 쉬이 바랜다. 어느 시인이 꽃들도 흔들리면서 줄기를 곧게 세운다고 노래한 것처럼 어쩌면 우리의 마음도 흔들리면서 더 단단해질지 모른다. 전도서 11:9절의 하나님의 말씀을 보면 "가끔은 마음이 원하는 길과 네 눈이 보는 대로 좇아 행하라"는 말씀이 있다. 이는 무엇을 의미할까?

우리는 가끔 하나님의 말씀이 중심이 되지 않고 내가 중심이 되어 살아갈 때가 많다. 우리의 중심이 마음이라면 생각하는 머리와 행동하는 몸이 따로 놀며 살아있는 인간임을 증명한다. 한 가정의 예를 들어 아버지가 아이 방에 들어갔을 때 아이가 컴퓨터 게임을 하고 있다고 치자. 잘은 몰라도 대부분의 한국인 아버지들은 "너, 하라는 공부는 하지 않고 왜, 컴퓨터만 하고 있어."라고 호통을 친다. 그때 아이가 "아버지, 지금껏 나 공부했는데요. 아버지는 잘 모르면서 맨날 야단만 치셔"라고 불만 투로 궁시렁거린다면 아버지는 "이 자식이 어디 아버지한테 버릇없이 말대꾸를 해"라고 언쟁이 오고 갈 것이다.

아버지는 이 아이가 컴퓨터하기 전에 공부하는 것이 사실이라고 하더라도 인정하려고 들지 않는다. 공부하는 모습을 보지 못했기 때문에 현실의 모습으로 전체를 단정을 지으려 한다. 만약 이 사실이 진짜라 하더라도 머릿속으로는 내가 잘못했다고 아이한테 말을 한다면 '아이가 나를 얼마나 우습게 여기지는 않을까?' 하고 잠시 이해관계에 대해 생각한다. 그리고는 아무 일도 아닌 것처럼 넘어갈 것이다. 쉽게 말해 머리 따로 몸 따로 마음 따로 놀고 있다. 비단 이것뿐이겠는가. 우리는 많은 사람에게 상처를 주며 산다. 자기 잘못을 인정할 때 '다음부터는 이런 일이 다시는 없도록 해야지' 하고 다짐을 하지만 나약한 우리는 이러한 실수를 반복한다.

하나님의 말씀이 중심이 되었을 때 아무 하자가 없다는 건 누구나 다 잘 알고 있다. 막상 어떤 일이 주어졌을 때 우리는 하나님의 말씀보다는 내 생각이 우선이다. 결정적인 순간에는 사탄이 귀신같이 알고 나타나 우리의 마음을 사정없이 흔들어 혼란에 빠뜨린다. 우리는 사탄의 유혹에는 너무나 인심이 후하다. 그 유혹에 마지못해 따라가는 척하며 쉽고 편안한 길을 택한다. 한참 그 길을 가다 보면 왠지 석연치 않음을 느끼게 된다. 그것이 바로 믿는 자들에게 찾아오는 하나님의 높고 위대한 힘이 아닌지 모르겠다. 반대로 내가 중심이 되어 살아갈 때는 처음에는 잘 선택했다고 만족해하지만, 나중에 후회하는 일이 많다. 알면서도 우리는 우리가 중심이 되어 세상을 살아가려고 한다.

마음은 내 삶의 중심이 되어 내 몸을 부리고, 말과 행동을 지배하며 수레바퀴처럼 굴러 나의 존재를 드러나게 한다. 우리의 힘으로 우리의 삶을 제어하기에는 역부족이기에 우리는 하나님을 찾는다.

하나님의 자식인 우리는 하나님의 성령이 우리 안에 있기 때문에 우리가 거듭나면 새로운 영을 받게 된다. 성경에서는 영을 우리의 마음이라고 부른다. '마음heart'이라는 단어를 들여다보면, 중간에 '귀ear'라는 단어가 있다. 우리의 귀는 우리 마음의 중심에 있다. 즉 마음은 하나님께서 우리에게 말씀하시는 곳이다. 모든 일을 주님께 맡기고 온전히 따를 때 하나님은 우리의 소원을 들어주실 것이다. 하늘에서 내리는 순백의 눈雪자도 순수성을 잃어가고 있는 현실에 우리의 마음은 오죽하랴. 순수성을 찾아보기 힘든 세상, 이럴 때일수록 우리의 믿음이 절실할 때이다.

 영접하는 자, 곧 그 이름을 믿는 자들에게는 하나님의 자녀가 되는 권세를 주셨으니 이는 혈통으로나 육정으로나 사람의 뜻으로 나지 아니하고 오직 하나님께서 난 자들이니라는 말씀이 육신이 되어 우리 가운데 거하시매 우리가 그 영광을 보니 아버지의 독생자의 영광이요, 은혜와 진리가 충만하더라(요한복음 1:12~14).

 임신년 새해가 환하게 밝았다. 첫날의 각오가 둥근 해처럼 영원하기를 기원해 본다.

무심코 던지는 말 속에

 손부채질을 한 지 며칠이나 지났다고 얼마 전 느닷없이 들이닥친 냉기로 때 이른 겨울옷을 가끔 입고 다닌다. 계절이 주책인지 내가 변덕이 심한 건지 모를 노릇이다. 하여간 예년에 비해 사뭇 다른 이상기온을 보이고 있다. 이런 이상기온에 대처하는 방식도 사람마다 다르다. 나처럼 추위를 잘 타는 사람은 겨울옷을 입고 다니고 또 어떤 이는 여름옷을 입고 다닌다. 같은 기온에서도 사람마다 대처하는 바가 다른데 하물며 인간관계야 오죽하랴.

 이따금 어떤 사람이 좋은 사람이냐고 물으면 "본인과 성격이 잘 맞는 사람"이 좋은 사람이라고 대답한다. 그렇지 않을 경우에는 "저 사람은 성격이 틀려먹었어."라고 쉽게 말을 한다.

 우리는 흔히 '다르다different'와 '틀리다wrong'는 의미의 차이가 있는데도 불구하고 혼동해서 사용할 때가 많다.

 '다르다different'는 비교할 두 대상이 서로 같지 않을 때 쓰이는 말로 반대말은 같다same이다. '틀리다wrong'는 수數나 사실·이치 따위가 맞지 않거나 사이가 틀어졌을 때, 참과 거짓이 명백할 때, 혹은 마음이나 행동이 올바르지 않고 비뚤어졌을 때 쓰는 말로 반대말은 맞다right이다. 이렇게 현저한 차이가 있는데도 불구하고 우리들은 자주 혼동하여 사용한다.

 '다르다'고 할 것을 '틀리다'고 쓰는 언어습관은 어쩌면 우리의 의식 속에 우리가 만들어 놓은 일정한 논리가 잠재되어 있기 때문이 아닌가 싶다. 그러나 '틀리다'라고 할 것을 '다르다'라고 하는 경우는 거의 없다. '다르다'는 단지 차이가 있다는 의미이므로 비교 대상들 중에서 어떤 것이 진실인지, 어떤 것이 윤리적인 것인지는 판단하지 않는다. 그러기에 '다르다'는 가치중립적인 표현이라고 할 수 있다.

반면, '틀리다'는 '참된 것'을 전제하고 있으므로 '틀리다'는 말에는 이미 부정적인 가치평가가 포함되어 있다.

'다르다'를 '틀리다'고 쓰는 언어습관에는 '다른' 것을 '다른' 것으로만 받아들이지 못하고, '잘못된 것', '윤리적이지 못한 것' 따위로 폄하하고자 하는 잠재의식이 깃들어 있다. '다르다'고 해야 할 것을 '틀리다'로 표현하는 것은 말하는 이의 의식 속에 이미 나의 것은 옳고 상대방은 잘못되었다는 편견이 도사리고 있는 것이다. 이러한 평가기준은 우리사회가 만들어 낸 틀 안에서 학습되어진 결과라 하겠다.

우리의 언어습관에는 결국 나의 평가기준이 옳다는 의식이 잠재되어 있다. 이러한 평가기준이 사회화과정에서 습득되어진다는 점을 고려한다면 자신의 평가기준은 우리 사회의 지배적 가치에 의해 학습되어졌다고 볼 수 있다.

결국 이 모든 것을 판단하는 기준은 사회에서 길들여진 "나"라는 주체이다 보니 나의 잣대로 세상을 평가하려 든다.

우리 민족은 한韓민족이라기보다는 한恨민족이라 할 만큼 역사적으로 많은 아픔을 간직하고 있다. 그래서 그런지 대화법에 있어서 우호적이라기보다 배타적인 성향이 강하다. 앞만 보고 살아온 우리의 환경이 언어에 투영되어 상대의 존재를 인정하려 들지 않고, 일단 틀렸다는 전제하에 시작하려 한다. '다르다'와 '틀리다'를 제대로 구분한다면 나와 성격이 다르다고 해서 상대방이 틀렸다라고 함부로 말하지 못할 것이다. 나뿐만 아니라 타인의 존재도 함께 인정한다면 우리의 삶은 지금보다 더 풍요롭고 살기 좋은 세상이 되지 않을까?

십자가와 솟대

"저 멀리 뵈는 나의 시온성/ 오! 거룩한 곳 아버지 집/ 내 사모하는 집에 가고자 한밤을 세웠네/ 빈들이나 사막에서 이 몸이 곤할지라도/ 오! 내 주 예수 날 사랑하사/ 날 지켜주시네. ♬♪…"

 이 노래는 혼자서 길을 걸을 때 건물 위에 우뚝 솟은 빨간불이 켜진 십자가만 보면 습관처럼 흥얼거리는 노래다. 밤하늘에 별을 헤아리며 자란 나는 요즘 빌딩 여기저기에 우뚝 솟아 있는 십자가를 보며 생각에 잠긴다. 십자가를 통해 솟대를 연상하기도 한다. 왜 십자가는 빌딩의 가장 높은 곳에 있는 것일까? 어둠이 내리면 십자가의 불빛은 왜 우리의 시선을 강하게 잡아당기는 걸까?
 십자가는 서구문명과 함께 대한민국에 들어왔지만, 그 이전 우리 선조들은 외계外界와 소통하기 위한 수단으로 솟대를 만들어 세웠다. 서구의 십자가와 우리의 솟대는 어떤 차이점이 있을까?
 원래 '十'자 모양은 형벌 도구 혹은 종교적 상징이었으나 그리스도가 로마에 전파되면서 십자가를 사형 도구로 삼는 일은 폐지되었고, 인류구원을 위한 희생의 제단, 또는 죽음과 지옥에 대한 승리의 상징이 되었다고 한다. 예수님이 십자가에 못 박힌 후에는 그리스도교를 나타내는 의미로 널리 쓰이고 있다.
 솟대는 민속신앙에서 풍년을 기원하거나 마을 수호신의 상징으로 세운 나무 장대이다. 지역에 따라 '소줏대', '솔대', '별신대' 등으로 불려 지기도 한다. 주로 긴 장대 끝에 오리나 기러기 등 날짐승을 나무로 조각해 바닷가나 산마루 등 하늘과 잘 소통할 수 있는 곳에 자리하고 있다.

선조들이 솟대에 염원을 담았다면 오늘날 많은 사람은 십자가에 그 소망을 담고 있다. 십자가가 왜 가장 높은 곳에 자리하고 있느냐고 묻는다면 나는 감히 "지상과 천상을 연결하는 안테나 역할을 하는 도구이기에 그렇다"라고 말하고 싶다. 이는 내가 랠리한인장로교회에 다니면서 목사님의 설교를 들으면서 하나님과 목회자, 성도의 관계를 살펴보면서부터다.

예전에 내가 한국에서 교회 다닐 때는 교회 목사님의 권위나 파워가 대단하셨다. 그때 목사님은 인간으로서의 목회자가 아니라 신神이셨다. 교회에서 목사님의 설교시간이 되면 늘 불안했다. 왜냐면 그분 앞에서 인간으로 사는 내가 너무나 큰 죄인처럼 느껴져 늘 얼음이 되었기 때문이다.

이곳에 와 목사님의 설교를 들은 지 꽤 여러 달 되었다. 말씀을 들을 때마다 목회자로서 '인간과 하나님 사이에서 중계자 역할을 참 잘하시는 분이다'는 생각을 했다. 세상사에서는 인간미 넘치는 분이시고, 하나님이 보실 때는 참으로 훌륭한 제자일 것이다. 나는 주일마다 십자가 앞에 나아가 목사님의 설교를 경청하기 위해 귀를 크게 연다.

너나 할 것 없이 그리스도인은 하나님의 말씀을 몸에 익혀 튼실한 삶을 살아가기 위해 교회에 모여 예배를 드린다. 우리의 기도는 목사님의 설교에 힘입어 십자가를 통해 하나님께 닿을 것이다. 우리가 사용하고 있는 휴대폰이나 통신기기 또한 전파를 잘 받기 위해 가장 높은 곳에 안테나를 설치한다. 과학이 발달하여 달나라까지 인공위성을 쏘아 올리고 우주로 전파를 보내는 지금, 언젠가 십자가도 우주에 세워질 날이 오지 않을까?

　우리의 염원을 담아 전달하고자 하는 마음에는 예나 지금이나 다를 바 없다. 문명이 발달하면서 우리의 바람은 더 커졌고 앞날을 예측하기 어려운 오늘날, 우리는 그 어느 때보다도 절대자가 필요한지도 모른다.

　우리의 염원이 흐르는 물처럼 하나님께 전달되어 십자가 앞에서 축복받은 우리로 거듭나기를 기원하며 이 세상을 소풍 왔다 간다고 노래한 천상병 시인의 「귀천」이 새벽빛을 따라 하늘로 돌아간다.

　　나 하늘로 돌아가리라
　　새벽빛 와 닿으면 스러지는
　　이슬 더불어 손에 손을 잡고

　　나 하늘로 돌아가리라
　　노을빛 함께 단 둘이서
　　기슭에서 놀다가 구름 손짓하면은

　　나 하늘로 돌아가리라
　　아름다운 이 세상 소풍 끝내는 날
　　가서 아름다웠더라고 말 하리라
　　― 천상병, 「귀천」 전문

이방인을 응대하는 미국인들의 매너

거리마다 크리스마스트리와 캐럴이 울려 퍼지고 있는 가운데 29개국에서 온 사람들이 한자리에 모였다. 가나, 나이지리아, 노르웨이, 러시아, 레바논, 멕시코, 몰도바, 미국, 볼리비아, 브라질, 스페인, 아프가니스탄, 이라크, 이스라엘, 인디아, 일본, 중국, 콜롬비아, 한국에서 온 사람들이다. 나라별 이름을 부르는 데만 해도 한참 걸렸다. 마치 국제적인 회담이나 대행사가 열리는 분위기였다. 언어와 피부색이 다르지만, 오늘은 세계 공통어인 오직 영어로만 통하는 날이다. 이 자리에 참석한 나라를 소개하는 시간도 만만치 않았지만, 이곳에 참석한 미국인들의 출신 주state를 소개하는 시간도 그에 못지 않았다. 미국은 50개 주州로 이루어져 있다. 각 주가 한 나라라 해도 과언이 아니다. 이곳 노스캐롤라이나주만 해도 면적이 한국보다 크다.

오늘 이 자리를 마련하기 위해 운영자들의 홍보는 한 달 전부터 시작됐다. 홍보지는 주로 외국인이 많이 모여 있는 장소에 배포되었다. 노스캐롤라이나주 Wake County College에서 ESL수업이 진행되고 있는 20여 개의 장소에 전달되었다. 먼저 이 행사에 관한 정보와 홍보지를 학생들에게 나누어 줬고, 교실 벽에는 참석 여부를 알리는 종이가 한 달 동안이나 붙어 있었다. 관심 있는 사람들은 참석인원과 참석 여부를 확인란에 사인했다. 나는 딸과 막둥이를 데리고 참석했다.

미국은 도서관과 교회가 인구에 비해 정말 많다. 대부분의 행사는 교회에서 이루어지고 있다. 오늘 파티도 랠리Raleigh시내 한 교회에서 있다.

행사장 입구에서 이름을 확인한 후 명찰을 달고 지정된 테이블에 앉았다. 우리 가족은 무대 맨 앞에 있는 7번 테이블이다. 테이블 위에는 생화로 만든 크리스마스 장식과 촛불이 지정된 좌석의 이름표를 밝혀 주고 있었다. 무대와 행사장은 만국기와 크리스마스트리로 반짝거렸다. 참석한 사람들은 크리스마스 분위기에 젖어들고 있었다.

오늘 참석자들은 미국문화와 영어를 가르치는 미국인 선생님들과 영어를 배우고 있는 외국인들이다. 이곳에 참석한 외국인들은 ESL교실을 거친 사람들과 현재 공부하는 학생들과 그의 가족들이다.

이 행사는 아기 예수 탄생을 기념Celebrating the Birth and Peace of Jesus Christ!하기 위해 마련되었다. 프로그램으로는 가족사진 촬영Take a family photo과 집에서 만들어 온 크리스마스 음식Share good home-cooed food과 친구 사귀기Make new friends, ESL학생들의 합창Hear a new song written by ESL students, 크리스마스에 관한 이야기Listen to the Christmas story이다. 미국의 문화가 크리스천들의 의해 형성되었고 그들의 의해 변화, 발전된 만큼 미국인들에게는 크리스마스가 연중행사 중 가장 큰 축제이자 명절이다.

순서에 의해 먼저 가족사진 촬영을 했다. 사진촬영은 참석자들에게 의미를 부여하기 위해 무료로 제공되었다. 촬영이 끝나고 자리에 앉자 감미로운 목소리로 크리스마스 캐럴을 다 함께 불렀다. 음치인 나도 그동안 수업 중에 배운 노래를 무대에 나가 합창하니 감회가 새로웠다. 아들은 엄마가 앞에 나가자 멋도 모르고 좋아서 사진을 찍느라 정신이 없었다. ESL수업 중 매주 화요일 노래교실이 있었다. 그때 배운 노래를 오늘 무대에서 선보인 것이다. 학생 중에는 재주꾼들이 많았다. 아랍에서 온 학생은 멋진 노래를, 중국에서 온 예쁜 여학생은 우리나라 고쟁이라는 악기와 비슷한 악기를 멋지게 연주해 기립박수까지 받았다.

  장기자랑이 끝나자 한 선교사가 단상에 올라 오늘 이 자리가 마련된 동기와 아기 예수가 왜 이 땅에 오셨는지? 우리는 누구인지? 나는 어디서 왔으며 어디로 가야 하는지? 우리의 존재에 관해 이야기할 때는 행사장 내 분위기는 자못 엄숙했다. 이야기가 끝나자 자리에서 모두 일어나 손에 손을 잡고 세계 평화와 인류의 안녕을 위해 기도했다. 앞에서 진행하는 사람들은 하나같이 온화한 표정을 잃지 않았다.

  어디를 가나 우리는 음식을 빼놓을 수 없다. 오늘의 행사가 특별한 만큼 음식 또한 미국인들이 크리스마스 날 먹는 음식이 모두 동원됐다. 터키에서부터 50여 종류의 음식과 디저트가 맛깔스럽게 준비됐다. 모두 이 행사를 진행하는 사람들이 손수 만들어 온 음식들이다. 한국의 연말연시 모임을 보면 대부분 밖에서 이루어지고 가족적인 분위기라기보다는 개인적인 성향이 강하다. 이곳에서는 손수 만든 음식을 가지고 와 가족적인 분위기를 연출하고 있다. 오늘도 이 행사에 관련된 사람들은 대부분 가족 중심으로 이루어졌. 보통 미국음식하면 햄버거나 도넛, 핫도그 같은 정크 푸드를 떠올리는데 행사 때 가보면 의외로 건강식 음식이 많다는 것을 알 수 있다. 맛있는 음식을 먹고 마지막으로 이 자리에 참석한 외국인들은 자기 나라의 이름이 호명되면 일어나 "Merry Christmas and Happy new year"를 각 나라 말로 소개했다. 한국이 소개되자 우리는 "즐거운 성탄절과 새해 복 많이 받으세요"라고 인사를 했다.

"세계는 하나"라는 부호를 이곳에서 실감한다. 이 시대에 살고 있는 우리는 나라와 인종의 경계가 불분명해 지고 있다. 이 행사를 주체한 사람들이 누구며 참석자들이 누군지 구분할 수 없다. 비단 오늘뿐만 아니라 미국 전체의 인구를 볼 때 외관상 주인이 누구며 손님이 누군지 알 수가 없을 만큼 다양한 민족이 모여 산다. 그만큼 자유가 보장되고 살기 좋은 나라임에는 틀림이 없는 것 같다. 내부 깊숙이 알면 피곤하겠지만, 겉으로는 평화로워 보인다. 외국에 나오면 맨 먼저 실감하는 것이 언어의 장벽이고 둘째로 인종차별이다. 이것은 제아무리 유능하다 하더라도 피해갈 수 없는 문제이다. 이 넓은 대륙이 평화로워 보이는 것은 그들의 따뜻한 미소와 친절이 있기 때문이다.

질서와 친절, 정신적 문화가 허물어져가는 우리의 현실에 한국을 찾는 외국인들은 어떤 인상을 받을까? 지구촌은 인종이나 민족의 경계가 점점 무너지고 있다. 이러한 시대에 우리가 선진국 국민이 되자면 경제적 위상이나 학력도 중요하지만 타인을 배려하는 질서와 친절, 정신적 문화의식이 변화해야 할 때이다. 때깔 좋은 사과가 맛도 좋고 기왕이면 다홍치마라는 속담도 있다. 온화한 얼굴을 가진 매리를 보면 나는 기분이 참 좋다.

최고의 날을 위하여

"아는 것 만큼 보인다."

안다는 것은 과거요, 보인다는 것은 현재다. 과거가 있기에 현재가 있고 현재가 있기에 미래가 있다는 평범한 진리 속에 우리는 오늘을 살아간다.

세상을 바라보는 시각에 따라 행복의 기준도 제각각이다. 우리는 직・간접적인 경험으로 세상을 본다. 사람들의 미소 띤 얼굴을 보면서 '저 사람은 참 행복해 보여'라고 가늠한다. 얼굴은 "마음의 거울"이다. 가끔 가면을 쓴 사람을 만나기도 하지만, 대부분의 사람은 삶의 자취나 마음이 그 사람의 얼굴에 투영되어 있다. 40살이 넘어서는 자기 얼굴의 책임을 져야 한다고 한다.

누구에게나 공평하게 주어진 하루, 어떤 날이 최고의 날이 될 수 있는지 '좋은 글 중에서' 한 부분을 잠깐 곁눈질해보자.

> 위대함과 평범함의 차이는 하루를 대하는 자세에 달려 있고 평범한 사람은 하루보다는 한 달이나 일 년, 일생에 관심이 많아 하루는 소홀히 보낸다. 하지만 위대한 사람은 내게 주어지는 하루하루를 언제나 특별한 날, 최고의 날로 생각한다. 하루를 소중히 여긴다고 해서 일에 얽매이거나 바쁘다는 뜻이 아니다. 감동과 감사로 하루를 맞이하고 보낸다는 뜻이다. 신이 하루와 하루 사이에 밤이라는 어둠의 커튼을 내리는 것은 무엇보다도 소중한 하루를 날마다 새롭게 시작하라는 의미이다.

내 삶이 행복하다고 생각하는 나는 하루하루 최선을 다한다. 주위에서 신경 쓰이게 하는 일이나 아프게 하는 사람이 있으면 이것이 내가 헤쳐나가야 할 길이요 내가 못난 탓이라고 자책하고 나면 혼란스러웠던 마음이 제자리를 찾는다. 어느 때부터인가 내 마음 속에 사랑하는 이가 나를 움직이고 있다는 것을 알게 되었다.

어느 젊은 날 나는 교회에 갔다. 나의 기도는 방황하고 있는 내 아버지를 정신 좀 차리게 해달라고 십자가 앞에 풀어놓고 하염없이 울었다. 많은 것을 바라지는 않았다. 그냥 내 마음을 내려놓고 마음껏 울 수 있어 좋았다. 크게 변화된 삶은 아니었지만, 그날 이후 나는 기쁘거나 슬픈 일이 생기면 하늘을 쳐다보며 내 마음을 전한다.

착실한 크리스천도 아닌 나는 그저 기도하기를 좋아한다. 해외에서 떠돌이 생활을 하는 나는 주위 환경에 잘 순응하는 사람이 되었다. 교회는 마음 가는 대로 형편에 따라다녔다. 애써 사랑하는 이를 만나기 위해 안달하거나 서두르지 않았던 것처럼 내가 사랑하는 방식대로 주님도 '나를 불러주실 날이 있겠지'하며 때를 기다렸다.

어찌하다 이곳 미국 동부에 있는 랠리에 오게 됐다.

한국에서 출발하기 전 우리 가족은 교회에 나가기로 약속을 했다. 미국교회든, 한국교회든, 상관하지 않고 집 가까이 있는 교회에 나가기로 했다.

5개월 전, 우리 다섯 식구는 깜깜한 밤 랠리 공항에 도착했다. 공항에는 이곳에 사는 교민 두 분이 마중을 나왔다. 이곳에서 살다가 귀국한 지인을 통해 알게 되었지만 초면이었다. 늦은 시간이라 고맙다는 인사도 제대로 못 하고 전화번호만 받은 채 헤어졌다.

일주일 후 우리 가족은 주일 날 교회에 가기로 했다. 첫날이라 남편과 지인의 차 뒤를 따라가면서 "이거 우리가 잘못 선택한 건 아닌지 모르겠어. 왜 이리 먼 거야. 첫발이 중요한 데······." 따라나선 것에 대해 약간의 후회감이 들었다.

  무슨 일이든 맡은 일의 책임을 다하는 우리 부부는 교회에 나가는 것도 예외가 될 수 없다. 나는 한때 교회에 온 정열을 쏟으며 다닌 적이 있지만, 남편과 아이들은 캐나다에 살 때 나의 성화에 못 이겨 2년 가까이 다닌 것이 전부다. 우리 가족의 구호가 '옳은 길에는 사양하지도 말고 의심하지도 말자'다. 남편은 예배 끝나고 하는 성경 공부를 하지 말고 곧장 집으로 가자고 한다. 이유는 성경에 대한 지식이 없어 창피하다는 것이다. 나는 성경 공부하고 갈 테니 그럼 당신은 먼저 집에 가라고 했다. 공교롭게도 남편은 운전을 못한다.

  이것이 우리 가족이 이곳 랠리한인장로교회에 다니게 된 동기다. 우리 가족이 하나님의 말씀을 얼마나 따를지 모르지만, 최후의 그날까지 최고의 날을 만들어 가기 위해 이곳에 사는 동안 부족한 것을 채워가며 살 것이다.

전영순은 1965년 경북 봉화에서 태어났고, 청주대학교 국어국문학과 동대학원을 졸업했다. 2006년 『한국문인』(수필부문)과 2013년 『에세이 문예』(평론부문)로 등단을 했다. 일본 미야자키 대학교와 동경 오오하라 국제교류원 일본어과정을 수학했으며, 미국 Wake Technical Community College ESL 과정을 수료했다. 《충청매일》, 《충청타임즈》에 수많은 칼럼들을 쓰고 있으며, 청문문학상과 세종문학상을 수상했고, 에세이집 『들길』을 출간한 바가 있다. 일본어 강사, 통역사, 꿈다락 토요문화학교 강사, 한국어 강사를 역임했으며 현재 청주시 일인일책 펴내기 강사와 한국문인협회, 청주문인협회, 충북수필문인협회 회원으로 활동을 하고 있다.

『아메리칸 드림』은 세계적인 생명공학 교수인 그의 부군을 따라서 미국에서 체류하며, 그녀가 몸소 보고 겪었던 생활체험을 엮은 산문집이라고 할 수가 있다. 미국에 가거나 미국에 갈 꿈을 간직하고 있는 분들이 읽어두면 반드시 현지 적응에 도움이 될 것이다. 다인종국가로서 미국과 교회, 봉사활동, 학교 생활, 인디언과 갱, 미국의 교통질서와 병원, 순수과학자들과 아메리칸 드림을 이룬 한국계 미국인들의 모습이 사실 그대로 드러나며, 그 정보를 제공해주고 있기 때문이다.

이메일 : jeon3447@hanmail.net

전영순 산문집

아메리칸 드림

발　　행　2014년 12월 25일
지은이　전영순
펴낸이　반송림
편집디자인　김지호
펴낸곳　도서출판 지혜
　　　　계간시전문지 애지
기획위원 반경환 이형권 황정산
주　　소　300-812 대전광역시 동구 선화로 203-1 2층 도서출판 지혜 (삼성동)
전　　화　042-625-1140
팩　　스　042-627-1140
전자우편　ejisarang@hanmail.net
애지카페　cafe.daum.net/ejiliterature

ISBN : 979-11-5728-018-6 03810
값 10,000원

이 책의 판권은 지은이와 도서출판 지혜에 있습니다.
양측의 서면 동의 없는 무단 전재 및 복제를 금합니다.

* 이 산문집은 충청북도 문화예술진흥기금 일부를 지원받아 발간하였습니다.